Helga Offermanns

Der christologische und trinitarische
Personbegriff der frühen Kirche

Ein Beitrag zum Verständnis
von Dogmenentwicklung und Dogmengeschichte

Europäische Hochschulschriften

Publications Universitaires Européennes
European University Papers

Reihe XXIII
Theologie

Série XXIII   Series XXIII

Théologie
Theology

Bd./Vol. 58

Helga Offermanns

Der christologische und trinitarische
Personbegriff der frühen Kirche

Ein Beitrag zum Verständnis
von Dogmenentwicklung und Dogmengeschichte

Herbert Lang Bern
Peter Lang Frankfurt/M.
1976

Helga Offermanns

Der christologische und trinitarische Personbegriff der frühen Kirche

Ein Beitrag zum Verständnis von Dogmenentwicklung und Dogmengeschichte

Herbert Lang Bern
Peter Lang Frankfurt/M.
1976

233.092
0 f 2 c

204286

D 30

ISBN 3 261 01874 7

©

Peter Lang GmbH, Frankfurt/M. (BRD)
Herbert Lang & Cie AG, Bern (Schweiz)
1976. Alle Rechte vorbehalten.

Druck: fotokop wilhelm weihert KG, Darmstadt

VORWORT

Im Zentrum christlicher Theologie wird stets die
Offenbarung Gottes im Menschen Jesus Christus stehen.
Mit der Reflexion über ihn und seine frohe Botschaft von
der angebrochenen Gottesherrschaft setzt sich die Chri=
stologie auseinander.

An der Person Jesus Christus, wie sie uns in den neute=
stamentlichen Verkündigungsschriften der Urkirche entge=
gentritt, orientiert sich auch die vorliegende Arbeit.
Der Schwerpunkt der Untersuchung liegt allerdings auf
der nachneutestamentlichen Christologie und ihrer Ver=
wendung des Personbegriffs. Eine kritische Betrachtung
des trinitarischen Personbegriffs wird einbezogen. Durch
ihren dialektischen Verlauf erweist sich die Begriffsge=
schichte des christologischen und trinitarischen Per=
sonbegriffs bis Chalkedon bei besonderer Berücksichti=
gung der lateinischen Tradition als interessanter Bei=
trag zu einem neuen Verständnis von Dogmenentwicklung
und Dogmengeschichte.

Die Arbeit ist angeregt und gefördert von Herrn Prof.
Dr. Johannes G. Deninger, dem ich nicht nur für alle Be=
mühung und Ermunterung während meiner Promotionszeit zu
besonderem Dank verpflichtet bin, sondern auch für vie=
lerlei Hilfen und Ratschläge während der gesamten Zeit
meines Studiums. Ebenso danke ich Frau Prof. Dr. Gertru=
de Deninger-Polzer für nicht wenige wertvolle Hinweise.

Sodann gilt mein Dank dem Verlag Herbert Lang Bern/Peter
Lang Frankfurt für die Aufnahme des Buches in die Reihe
der Europäischen Hochschulschriften.

Schließlich danke ich herzlich meiner Mutter für ihre
ausdauernde Hilfe bei der Herstellung des Manuskripts.

Wiesbaden-Dotzheim, im August 1975

Helga Offermanns

INHALTSVERZEICHNIS

1. Heilsgeschichte und Dogmenentwicklung: Stand der theologischen Forschung

Die Notwendigkeit einer Dogmenentwicklung kann heu= te nicht mehr ernsthaft bestritten werden. (1) Sie erfährt ihre Berechtigung von der Offenbarung Gottes in G e = s c h i c h t e als Heilsgeschichte (AT), vor allem durch den geschichtlichen Menschen Jesus Christus (NT), (2) in= sofern Geschichte E n t w i c k l u n g bedeutet. (3) Krampfhaftes und verzweifeltes Festhalten an erstarrten Glaubensformeln und -formen widerspricht der inneren Dy= namik dieser Heilsgeschichte und Offenheit ihrer Ent= wicklung.

Während jahrhundertelang dogmatische Formulierungen als im= mer gültige Glaubensformeln angesehen wurden, die nicht weiter zu hinterfragen sind, werden wir gerade durch die Ergebnisse der exegetischen Forschung dieses Jahrhunderts dazu gezwungen, nach der Kontinuität von biblischem Befund und konziliaren Definitionen zu fragen. Dabei sollen Glau= bens i n h a l t e nicht aufgegeben, die Aussage r i c h = t u n g vielmehr beibehalten werden, während sich Aussa= ge f o r m e n ändern müssen, da sie stets in einer be= stimmten Zeit entstanden und einem von ihr geprägten philo= sophischen und theologischen Denken verpflichtet sind. "Und von daher sagen all diese Zeugnisse je epochal und seins= geschichtlich auf e i g e n e Weise das freilich immer Selbe des Glaubens aus. Dieses Eine und immer Selbe ist niemals das Gleiche, insofern als es immer wieder in ande= rer Weise im Denken gefaßt und im Wort bezeugt wird." (4)

Diese Sicht hat sich erfreulicherweise das Lehramt der Kirche selbst zu eigen gemacht. Auch da läßt sich eine Entwicklung verzeichnen.

2. Auffassung des kirchlichen Lehramtes: Pp.Paul VI.

In seiner Enzyklika "Mysterium Fidei" (5), die sich im Jah= re 1965 mit neuen holländischen Interpretationsversuchen des Dogmas der Transsubstantiation auseinandersetzte, erkannte Pp.Paul VI. noch nicht die Notwendigkeit ge= schichtlichen Denkens für die kirchliche Lehre, indem er behauptete, daß die Dogmen des Glaubens Begriffsinhalte ausdrücken, "die nicht an eine bestimmte Kulturform, nicht an eine bestimmte Phase wissenschaftlichen Fortschritts, noch an diese oder jene theologische Schule gebunden sind ... Deswegen sind diese Formeln den Menschen aller Zeiten und Orte angepaßt... Die Norm zu sprechen, die die Kirche in jahrhundertelanger Arbeit und mit dem Beistand des hl. Geistes festgelegt und die sie durch die Autorität der Konzilien bestätigt hat und die Kennzeichen und Banner der Rechtgläubigkeit geworden ist, muß heilig gehalten werden. Niemand wage es, sie nach seinem Gutdünken oder unter dem Vorwand einer neuen Wissenschaft zu ändern. Wer könnte je dulden, daß die dogmatischen Formeln, die von den ökumenischen Konzilien für die Geheimnisse der Heiligsten Dreifaltigkeit und der Menschwerdung gebraucht wurden, für die Menschen unserer Zeit nicht mehr geeignet gehalten werden und vermessen durch andere ersetzt werden müßten?" (5)

Die Geheimnisse der göttlichen Dreifaltigkeit und Menschwerdung bilden den weitgesteckten Rahmen der vorliegenden Arbeit. Diese wird gerade nicht nur die verbale Eignung frühchristlicher Trinitätslehre und Christologie für das Glaubensverständnis des modernen Menschen in Frage stellen, sondern darüber hinaus die Frage aufwerfen, ob nicht beim legitimen Umsprechen der christlichen Botschaft in den Denk- und Verstehenshorizont der ersten fünf Jahrhunderte eine gefährliche Verengung und Verkürzung neutestamentlicher Christologien vorliegt. Dabei wird angeknüpft an das, was in der christologischen Forschung bereits als Gemeingut gewertet wird, daß nämlich gerade das an griechischer und lateinischer Tradition orientierte Verständnis von Trinität und Inkarnation verpflichtet, zum "Ursprungsereignis" in Jesus Christus zurückzukehren und mit Hilfe der biblischen Botschaft für uns "gültige", aber auch vorläufige, weil im Mysterium Gottes gründende, Antworten zu finden, die denkend und glaubend vollzogen werden können.

Diese Vorläufigkeit und Offenheit von Glaubensaussagen wurde im Juni 1973 zum ersten Mal in einem kirchenamtlichen Dokument römischer Provenienz zugestanden. (7) Eine "Erklärung" (Declaratio "Mysterium Ecclesiae") der Glaubenskongregation, die sich indirekt mit den theologischen Forschungen des Tübinger Dogmatikers Hans Küng auseinandersetzt (8), spricht im 5. Kapitel von der notwendigen g e s c h i c h t l i c h e n B e d i n g t h e i t jeder Glaubensaussage ("... ex h i s t o r i c a expri= mendae Revelationis c o n d i c i o n e ") (9). So sind dogmatische Aussagen, die immer Antworten auf bestimmte Irrtümer oder Fragen darstellen, von diesem Irrtum oder jener Frage bereits vorgeprägt und durch sie selbst bedingt. ("... interdum fieri potest, ut illae veritates etiam a Sacro Magisterio proferantur verbis, quae h u i u s m o d i c o g i t a t i o n e v e s t i g i a

2

s e c u m f e r a n t.") (10) Die gegensätzliche Auffassung
im Hinblick auf die Überholbarkeit dogmatischer Aussagen
zur oben zitierten Enzyklika "Mysterium Fidei" wird vor al=
lem in zwei Punkten deutlich:
1. Der Sinn, den Glaubensaussagen enthalten, hängt zum Teil
   von der Aussagekraft der angewandten Sprache in einer
   bestimmten Zeit unter bestimmten Lebensverhältnissen ab.
   ("... sensum, quem enuntiationes fidei continent, par=
   tim pendere e linguae adhibitae vi significandi certo
   quodam tempore certisque rerum adiunctis.") (11)
2. Diese Zeitumstände bringen es mit sich, daß dogmatische
   Wahrheiten zunächst u n v o l l k o m m e n , aber
   später durch erweiterten Blickwinkel v o l l k o m =
   m e n e r ausgesagt werden können. ("... ut veritas
   aliqua dogmatica primum modo i n c o m p l e t o , non
   falso tamen, exprimatur, ac postea, in ampliore contex=
   tu fidei aut humanarum cognitionum considerata p l e =
   n i u s et p e r f e c t i u s significetur.") (12)
Diese beiden Leitlinien decken sich mit dem Hauptanliegen
Pp.Johannes XXIII. bei der Einberufung des zweiten Vatika=
nischen Konzils:
1. Der christliche Glaube ist heute so zu verkünden, wie
   unsere Zeit es fordert. ("... ut doctrina ... ea ratio=
   ne pervestigetur et exponatur, quam tempora postulant
   nostra.") (13)
2. Glaubens i n h a l t und Glaubens f o r m sind not=
   wendig zu unterscheiden. ("est enim aliud depositum
   fidei, ... aliud modus, quo eaedem (veritates) enun=
   tiantur.") (14)

Gut zehn Jahre später nach der Ansprache vor den Konzilsvä=
tern greift Pp.Paul VI. mit wahrem Nutzen auf die Worte
seines Vorgängers zurück. Damit ist das von den Theologen
geforderte neue Verständnis von Dogmenentwicklung selbst
von offizieller kirchlicher Seite anerkannt. (15)

3. Frühe Christologie: Nikaia - Chalkedon

Die E n t w i c k l u n g s g e s c h i c h t e der vier
frühen Konzilien - Nikaia (325), Konstantinopel (381),
Ephesus (431), Chalkedon (451) - bietet selbst den anschau=
lichsten Beweis für die geforderte neue Auslegung der Dog=
men e n t w i c k l u n g innerhalb der Dogmen g e =
s c h i c h t e , wobei sich die Homoousiosformel des Kon=
zils von Nikaia als "erste Etappe eines Weges (erweist),
der wiederum vorläufig (!) - bei der klassischen Formel von
Chalkedon endete." (16)

Ziel der vorliegendenden Untersuchung ist es deshalb, den

Rahmen der thematischen Einheit dieser Konzilien einerseits
zu erweitern, andererseits zu begrenzen. Die Erweiterung
wird darin liegen, daß nicht nur auf den frühen Vorläufer
der chalkedonensischen Definition, "eine Person in zwei Na=
turen", bei Tertullian zurückgegriffen wird, sondern in
einem durchblickartigen Aufriß und als Basis für die Ge=
samtuntersuchung die Fülle neutestamentlicher Christologien
den nachneutestamentlichen Christologien gegenübergestellt
wird. Die dabei notwendig geforderte Begrenzung wird da=
durch vorgenommen, daß anhand der Beschränkung der Unter=
suchung auf die Verwendung des Begriffes "Person" (perso=
na, πρόσωπον) eine für die Dogmenentwicklung entschei=
dende und für die nachneutestamentliche Christologie be=
zeichnende Linie deutlich wird.

Die letzte ausführliche Darlegung einer Begriffsgeschichte
des Terminus "Person" in der dogmatischen Christologie war
1876 erschienen (17), allerdings ohne Bezug zur biblischen
Christologie. Fast ein Jahrhundert später ist es sicher an=
gebracht, diese Thematik unter anderem Aspekt und anderer
Zielsetzung erneut zu behandeln. (18)

I.   Verhältnis Exegese - Dogmatik

1.   Allgemein: Das NT als Norm

Das Neue Testament als "norma normans" (1) jedes theologi=
schen Bemühens bewahrt davor, Opfer eines dogmatischen Vor=
verständnisses zu werden. So wird sich auch in Zukunft eine
radikale Trennung von Exegese und Dogmatik trotz aller not=
wendigen Spezialisierung und Detailarbeit der Einzeldiszi=
plinen kaum aufrecht erhalten lassen. (2) Es ist eine der
Hauptintentionen der vorliegenden Arbeit, einen bescheide=
nen Beitrag zu dieser "Zusammenschau" zu leisten.

Die Ablehnung eines d o g m a t i s c h e n Vorverständ=
nisses leugnet nicht das grundsätzliche Vorhandensein eines
Vorverständnisses des Glaubens für jede Zeit überhaupt (3),
sondern will gerade den Sonderfall des Vorverständnisses im
NT (4) durch Anerkennung der Vorgabe der Selbstmitteilung
Gottes in Jesus Christus zur Geltung bringen. (5) Aufgrund
der Ursprünglichkeit der biblischen Quellen kommt den exe=
getischen Forschungsergebnissen Priorität gegenüber dogma=
tischen Spekulationen zu, wobei der Exeget nicht der Mög=
lichkeit beraubt wird, systematisch zu denken. Mit Bezug
auf die im Folgenden zu behandelnde Thematik bedeutet das:
NICHT DIE ALTKIRCHLICHE CHRISTOLOGIE ist Norm und Richt=
schnur jeglichen späteren christologischen Denkens, SON=
DERN DAS NEUE TESTAMENT selbst. Diese These wendet sich ge=
gen K.Rahner, (6) der die klassische Inkarnationschristolo=
gie kirchenamtlicher Lehre als kritische Norm und Richt=
schnur respektiert wissen will. Rahners Forderung würde
sich genau mit dem Begriff des oben angeführten d o g =
m a t i s c h e n Vorverständnisses decken.

Für das Verhältnis von Exegese und Dogmatik gilt deshalb,
daß jedes Dogma stets der Nachprüfung an der Schrift unter=
worfen und so mit dem Fortschritt der Exegese immer wieder
neu der Theologie aufgegeben, d.h. in die Glaubensentschei=
dung der Gegenwart hineingenommen ist. (7)

2. "Grunddaten" neutestamentlicher Exegese für die Dogmatik: Berücksichtigung der Gesamtkonzeption des NT

Dogmengeschichte als "Geistesgeschichte am Evangelium im geschichtlichen Rahmen der kirchlichen Verkündigung" (8) hat stets den ganzen Horizont des NT und die G e = s a m t k o n z e p t i o n aller seiner Schriften zu be= rücksichtigen. Das schließt bei theologischen Einzelfragen die selbstverständlich verstärkte Heranziehung von Einzel= schriften in keinem Fall aus, will aber einer isolierten Fixierung bestimmter Akzente bei den Verfassern neutesta= mentlicher Verkündigungsschriften vorbeugen. So muß i m NT eine Rückfrage von "späten" Entwürfen zur "frühen" Theologie und umgekehrt möglich sein (9). Die Betonung der Legitimität der späteren Schriften begegnet dem von pro= testantischer Seite erhobenen Vorwurf der "Frühkatholizi= tät". Dennoch wird die vorliegende Studie zeigen, daß die= ser Vorwurf nicht völlig unberechtigt war, insofern gerade eine der nachweislich spätesten neutestamentlichen Schrif= ten, das Johannesevangelium (1o), den überwiegenden Ein= fluß auf die nachneutestamentliche Christologie bis hin zu den ersten dogmatischen Formulierungen ausgeübt hat.

II. Neutestamentliche Christologie

Hier soll nicht der vermessene und im Rahmen dieser Arbeit auch nicht sinnvolle Versuch gewagt werden, in großen Zü= gen eine Kurzfassung neutestamentlicher Christologie zu geben. (11) Als bekannt wird vorausgesetzt, daß jeder Ver= fasser einer neutestamentlichen Schrift eine ihm eigene Christologie entwirft, die auf die Verkündigungssituation der sehr unterschiedlich strukturierten urchristlichen Ge= meinden zurückgeht und von daher bestimmte Schwerpunkte zu setzen sucht. Deshalb vermitteln die Einzelschriften des NT verschiedene "Christusbilder", die sich jedoch nicht gegenseitig ausschließen, sondern sich bei Einbeziehung der ebenso verschiedenen literarischen Gattungen zu einem Gesamtbild ergänzen. Auf diese einzelnen christologischen Entwürfe innerhalb der Fülle neutestamentlicher Christolo= gien kann in dieser Arbeit nicht eingegangen werden. Es geht lediglich darum, nach dem gegenwärtigen exegetischen Forschungsstand die Theologoumena zu sichten, die in bei= nahe ausschließlicher Weise die nachneutestamentliche Christologie prägten und deren nachhaltige Wirkung auf die dogmatischen Definitionen nicht zu verkennen ist.

2. Praeexistenz: Ein Denkmodell zur Vordatierung der Auferstehungserfahrung

Joh 1,1 beschreibt in drei fundamentalen Sätzen das prae= existente ewiggöttliche Sein des Logos. Schnackenburg (43) macht zu Recht darauf aufmerksam, daß mit dem P e r s o n = charakter des Logos eine deutliche Trennungslinie zu allen anderen Logoslehren markiert wird. Nicht gesehen wird da= gegen von Schnackenburg, daß die Praeexistenzvorstellung durch die Übernahme a u ß e r c h r i s t l i c h e r Denkmodelle, der Logoslehre Philons (44), wie die vorange= gangenen Ausführungen zeigten, in die johanneische Chri= stologie eingeht und so zum christlichen Theologoumenon wird. Die von Schnackenburg angenommene Urheberschaft für den vorjohanneischen Logoshymnus in einer urchristlichen Gemeinde (45) versperrt ihm die Sicht, die Provenienz der vorgegebenen Denkkategorien kritisch zu befragen. Denn die Übertragung des Logosbegriffs auf die h i s t o r i s c h e Person Jesu in Abhebung gegenüber dem philonischen Logos als "Zwischenwesen" bedingt noch keine p e r s o n a l - r e a l e Praeexistenz Jesu. (46) Schnackenburgs Behaup= tungen, daß mit der $\vartheta\varepsilon\acute{o}\varsigma$- Prädikation eine christologische W e s e n s b e t r a c h t u n g , ein Bekenntnis zur vol= len Gott - N a t u r (!) beginnt (47) und daß mit der Aus= sage von Joh 1, 14 "$\acute{o}$ $\lambda\acute{o}\gamma o\varsigma$ $\sigma\grave{\alpha}\rho\xi$ $\acute{\varepsilon}\gamma\acute{\varepsilon}\nu\varepsilon\tau o$" eine Veränderung in der S e i n s w e i s e des Logos ausgesagt wird (48), liegt ein chalkedonensisches Vorverständnis zugrunde, auch wenn die heilsgeschichtliche Betrachtung im Blick bleibt. Die gleichen Kriterien gelten für die geläufige Interpre= tation von Phil 2, 5-11. (49) Die ähnlichen Praeexistenz= vorstellungen des späten JohEv und des frühen Phil (5o) verleiten auch Schnackenburg zur inhaltlich gleichen Aus= legung. Für ihn ist Phil 2, 5-11 die erste uns greifbare Vollgestalt der christologischen Sicht, die die drei S e i n s w e i s e n (51) Christi klar bezeugt. (52) An= statt vom NT her die Dogmatik zu befragen, wird dogmatisch von der Zwei-Naturen-Christologie her der neutestamentliche Christushymnus legitimiert, (53) eine Methode, die sonst - mit Recht ! - vom Verfasser selbst abgelehnt wird. (54)

Wie dem Joh-Prolog ein vorjohanneischer Logoshymnus zugrun= de liegt, so greift auch der Phil-Hymnus auf ein altes vor= paulinisches Christuslied im jüdisch-hellenistischen Chri= stentum zurück (55). Für den Aufbau des Hymnus werden zwei Auffassungen noch ernstlich diskutiert, eine dreistrophige (J.Jeremias) und eine zweistrophige (G.Strecker) Gliederung. Bei Einbeziehung der Erniedrigung und des Gehorsams Jesu bis zum Tod gibt Schnackenburg dem dreistrophigen Aufbau den Vorzug. (56)

11

Die erste Strophe beschreibt den Tausch der Gottesge=
stalt (V.6) mit der Knechtsgestalt (V.7a). Dieser Wechsel
bedeutet die selbstverständliche Voraussetzung der Inkarna=
tion, die, worauf Schnackenburg zu Recht hinweist, in die=
ser Weise vor Joh nie ausgesprochen wird, auch wenn sie bei
Pl, z.B. Gal 4,4 und Röm 8,3 impliziert ist. (57) Die zwei=
te Strophe führt von der Beschreibung der menschlichen
Erscheinungsweise Christi (V.7b u. c) zu seiner Erniedri=
gung in seinem Glaubensgehorsam bis zum Tod am Kreuz (V.8).
Der Gehorsam Jesu bildete die Voraussetzung für seine
Erhöhung, die die dritte Strophe verkündet (VV.9 ff). Es
darf als allgemein urchristlich bezeichnet werden, daß die
Auferstehung als Erhöhung gedeutet wurde. (58)

In seiner Interpretation von Phil 2 hebt Schnackenburg als
besonders wichtig hervor, daß im vorliegenden Hymnus erstma=
lig die Praeexistenz Christi deutlich zum Ausdruck komme.
Sie werde durch die μορφὴ θεοῦ (V.6) beschrieben, die ihr
Pendant in der μορφῇ δούλου(V.7) während des irdischen Da=
seins Jesu habe. Verstärkt werde diese Auslegung durch die
Wendung des "Gott-gleich-Seins" (V. 6:τὸ εἶναι ἴσα θεῷ).(59)
So sehr Schnackenburg zuzustimmen ist, daß der Hymnus ein
Zeugnis dafür ist, wie "die Urkirche relativ schnell zur
Vollgestalt der Christologie gelangt ist", un zwar zu
einer biblisch-heilsgeschichtlichen Christologie, so wenig
kann man auf der Grundlage der neueren exegetischen For=
schungen mit der Bestimmung einer Christologie von E x i =
s t e n z w e i s e n übereinstimmen, die "den Weg Chri=
sti aus der Praeexistenz über die Erniedrigung seines
Erdenwandels in die Erhöhung und Verherrlichung, bis zur
kosmischen Herrschaft, in den Blick faßt und als heil=
bringenden Weg für die an den Kyrios Jesus Christus Glau=
benden hymnisch-kultisch besingt." (6o)

Wir werden immer wieder auf die Tatsache stoßen, daß neu=
testamentliche und nachneutestamentliche Theologen sprach=
liche Ausdrucksformen, die sie vorfanden, aufnahmen, mit
christlichem Gedankengut füllten und ihnen dadurch ein
neues Gepräge gaben. Es liegt deshalb näher, für den Chri=
stushymnus des Phil als Denkmodell ein Abstiegs-Aufstiegs=
schema anzunehmen, das in seiner formalen Anlage die Glau=
bensinhalte der Erniedrigung und Erhöhung widerspiegelt.
Auch Pl meinte mit Erniedrigung (V.7:ἐκένωσεν ; V.8:
ἐταπείνωσεν) keinen Wechsel der Seinsweise, sondern den
Gehorsam Jesu bis zum Tod am Kreuz (V.8: ὑπήκοος μέχρι
θανάτου, θανάτου δὲ σταυροῦ). (61)

Während Adam in Phil 2, 5-11 den Ausdruck gläubigen Be=
kenntnisses zu Christus in den Denkformen (!) der frühen
noch nicht systematisierten Gnosis sah (62), ist in jüng=
ster Zeit von Bartsch eine neue Interpretation zum Phil-
Hymnus vorgelegt worden. (63)

Bartsch geht davon aus, "daß Paulus die wenigen Stücke der
ihm bekannten Überlieferung... Rm 1, 3 f; 1 Kor 11, 23-25;
15, 3-7 den gleichen Tradenten verdankt, von denen er den
Hymnus übernahm..." (64) Dieser Tradition ist die Vorstel=
lung einer personalen Praeexistenz fremd und statt dessen
das Bekenntnis der Einsetzung des Gottessohnes durch die
Totenauferstehung eigen, verstanden als Amtseinsetzung des
als Davidssohn geborenen Jesus.

Nach Bartsch (65) spricht bereits die ganze erste Strophe
des Hymnus vom irdischen Jesus, indem die μορφή (66)θεοῦ
interpretiert wird durch ἄνθρωπος γενόμενος. Als konstitu=
tiv für diese Verse werden Gn 1, 26 f und 5, 1 angesehen.
Die "Gottgestalt" wird somit Jesus mit seiner Geburt ver=
liehen. Μορφή und ὁμοίωμα erscheinen als Synonyma.

Diese Exegese ermöglicht einen Verzicht auf den gnosti=
schen Erlösermythos und die Urmenschspekulation und legt
den Akzent statt dessen auf die Adam-Christus-Parallele,
die für Pl ohnehin zentral ist. (67) Auch für die Termi=
nologie des τὸ εἶναι ἴσα θεῷ läßt sich auf Gn 3, 5 ver=
weisen als ein Akt des "An-sich-reißens", den Jesus ab=
gelehnt und demgegenüber seinen Gehorsam im Kreuzestod ver=
wirklicht hat. In jedem Falle schließen die Beziehungen zum
Buche Genesis auch für den Christushymnus, der Pl vorgele=
gen hat, eine Praeexistenz Christi aus.

Ebensowenig ist ein Einfluß jüdischer Praeexistenzvorstel=
lung auf den Phil-Hymnus denkbar. "Wenn in der Sapientia
Salomonis eine bestimmte Praeexistenz der Weisheit ausge=
sagt ist, so ist einerseits damit nicht eine selbständige
Existenz der Weisheit als Person gemeint, sondern dieser
Gedanke bleibt innerhalb der Grenzen rabbinischer Aussagen
über Dinge, die der Weltschöpfung vorangingen. Anderer=
seits gibt es keinerlei Hinweis darauf, daß von der Weis=
heit oder dem Messias gesagt werden könnte, ἐν μορφῇ θεοῦ
ὑπάρχων im Sinne der Praeexistenz." (68)

Bartsch weist darauf hin, daß Pl dem Hymnus eine Ausrich=
tung auf Zukunft gibt (V.1o f), an ihn aber keinerlei on=
tologische Spekulationen über das Sein Christi hängt. (69)
Die gleiche Feststellung betrifft die μορφὴ δούλου. Sie
ist keine ontologische, sondern eine funktionale Aussage
über das Handeln Jesu. (7o)

Die von Bartsch vorgelegte Exegese hebt das vorgeschlagene
Abstiegs-Aufstiegsschema als D e n k m o d e l l nicht
auf. Für den Hymnus des Phil gilt deshalb wie für den Pro=
log des Joh, daß durch Praeexistenz- und Inkarnationssche=
mata vordatiert wird, was eigentlich erst mit Auferstehung
gegeben ist. Ein Ausklammern jeglicher Praeexistenzvor=
stellung beeinträchtigt deshalb in keiner Weise den Gel=

13

tungsanspruch des messianischen Selbstverständnisses Je=
su. (71) In einer Überbewertung und Isolierung neutesta=
mentlicher "Praeexistenz-Christologien" (72) liegt der An=
satzpunkt für das geschichtsträchtige Mißverständnis eines
"wesensgleichen" Gottessohnes und der damit verbundenen
Leugnung einer natürlichen Zeugung, des Theologoumenons
der Jungfrauengeburt.

3. Gottessohnschaft: Alttestamentlicher Würdetitel
   und singuläres Sendungsbewußtsein Jesu

Auch wenn an der Jungfrauengeburt im strengsten Sinne gera=
de in der Patristik festgehalten wird, soll ihr von der
Schrift aufgegebenes Verständnis hier nicht weiter disku=
tiert werden, da im nachneutestamentlichen Gottessohnver=
ständnis die gleichen Denkkategorien deutlich werden. Aus
den jüngsten und inzwischen kaum noch bestrittenen exege=
tischen Forschungen ergibt sich, daß es den Evangelisten
(Mt, Lk) nicht um eine Biologisierung der Jungfrauengeburt
geht, sondern daß diese im Unterschied zu ihrem Vorkommen
bei anderen Religionsstiftern von der Kreuzes- und Aufer=
stehungsbotschaft her interpretiert werden muß. Bei Pl als
ältestem neutestamentlichen Zeugen geht es nicht um Jung=
frauengeburt, sondern um die Auferweckung des Gekreuzig=
ten. (73) Das paulinische Auferstehungszeugnis ist das äl=
teste im NT. Die Aufgabe der Wirklichkeit der Jungfrauen=
geburt bedeutet indessen keinen Verzicht auf die Wirklich=
keit der Gottessohnschaft. (74)

"Gottessohn" ist neben anderen (Menschensohn, Kyrios, Chri=
stos, Davidssohn, Gottesknecht, Lehrer, Prophet) ein alt=
testamentlicher Würdetitel, der fünfzigmal im NT auf Jesus
übertragen wird. (75) Davon zu unterscheiden ist "der Sohn",
eine Bezeichnung, die, soweit man das aus den in der Exege=
se für echt gehaltenen Jesusworten ersehen kann, von Jesus
nicht für sich selbst in Anspruch genommen wurde. (76) Da=
mit entfällt eine p h y s i s c h e Gottessohnschaft Je=
su im NT (77), wie auch dem AT eine Partizipation am Gött=
lichen fremd ist. (78)

Wie die Jungfrauengeburt muß auch die Gottessohnschaft
nicht so sehr von der Inkarnation, sondern vom Kreuz, vom
Auftrag Jesu in der Welt her verstanden werden. Gottes=
sohnschaft und Sendung (79) sind unabdingbar miteinander
verbunden. Das gilt nicht nur für die synoptischen Evange=
lien, sondern gerade auch für das JohEv. (80) Das Gesandt=
sein von Gott rechtfertigt allein eine Christologie "von
o b e n ". Diese Kategorie erfährt jedoch sogleich ihre

14

notwendige Umkehrung, da die Sendung an den M e n =
s c h e n Jesus geht und von ihm in Wort und Tat die fro=
he Botschaft von der anbrechenden Gottesherrschaft (81) ver=
kündet wird. Neutestamentliche Christologie ist deshalb in
erster Linie eine Christologie "von u n t e n ".

Wie Logos und Praeexistenz so ist auch Gottessohnschaft von
der einzigartigen Stellung Jesu zu Gott und der Vollmacht
durch ihn zu verstehen. So sieht Schlier in ὁ υἱὸς τοῦ
θεοῦ d e n Hoheitstitel für Joh schlechthin und in seiner
Verbindung mit dem Logos das Bekenntnis zum Gott "ausspre=
chenden" Jesus. (82) Schierse warnt ausdrücklich davor,
auch den Gottessohntitel als Wesensdefinition Jesu im Sinne
griechischer Metaphysik zu verstehen. (83) Deshalb ist es
höchst unglücklich, wenn Ratzinger die Gottessohnschaft,
von der der Glaube spricht, zwar nicht als biologisches,
aber als ontologisches Faktum wertet. (84) Davon abgesehen,
daß diese Erklärungen, was der Verfasser in diesem Zusam=
menhang unter "ontologisch" versteht, dunkel bleiben, wer=
den leider die biblischen Aussagen trotz ausführlicher exe=
getischer Einleitung zur alttestamentlichen Provenienz des
Gottessohn-Titels von den kirchlichen Dogmen her interpre=
tiert. Das Neue Testament kennt keine metaphysische Speku=
lation, weder nach Art der griechischen Philosophie noch
der späteren Dogmen. Die vorliegende Arbeit wird immer
wieder darauf hinweisen.

4. Grundvoraussetzungen neutestamentlicher Christologie:
   Offenbarung Gottes im M e n s c h e n Jesus

Der Gottessohn-Titel verbindet alle vier Evangelien. Vom
Anfang des späten JohEv läßt sich der Bogen zurückschlagen
zum Beginn des frühen MkEv, dessen erster Vers des ersten
Kapitels gleichsam als Überschrift und Programm für die
ganze markinische Schrift steht: "Das Evangelium von Jesus
Christus dem Sohne Gottes..." (85) Die folgende Tauferzäh=
lung (86) bedeutet die Legitimation Jesu durch Gott zur
Verkündigung der göttlichen Heilsbotschaft: "Vom Himmel
rief eine Stimme: Du bist mein geliebter Sohn; an dir habe
ich Wohlgefallen" (87). Jesus wird die Stellung und Funk=
tion des geistesmächtigen Sohnes übertragen. Es ist eine
durch Geistverleihung vorgenommene, im Sinne der Amtsein=
setzung verstandene Adoption.

Da es unumstrittenes Gemeingut christlicher Theologie ist,
daß die synoptischen Evangelien von einer mehr adoptiani=
schen Christologie geprägt sind, kann auf einen ausführli=
chen Nachweis an dieser Stelle verzichtet werden. Stell=
vertretend für Mt und Lk sei nur ein einziges Kapitel

des MkEv angeführt, das in der Sprache markinischer Chri=
stologie die Einheit Jesu mit Gott zum Ausdruck bringt. Auf
das MkEv wird deshalb zurückgegriffen, weil es sich einer=
seits als früheste Evangelienschrift gegenüber der späte=
sten dieser literarischen Gattung, nämlich dem JohEv, be=
sonders gut abhebt und andererseits bei aller Wertschät=
zung der Eigenständigkeit matthäischer und lukanischer
Theologie für sie die gemeinsame Quelle bildete.

Gleich das zweite Kapitel des MkEv (88) symbolisiert mit der
direkten Sündenvergebung durch Jesus seine absolute Bezo=
genheit auf Gott. An der einmaligen Vollmacht dieses Men=
schen Jesus mußten die Pharisäer Anstoß nehmen: "Wer kann
Sünden vergeben als Gott allein?" (89) Die Erwiderung Jesu
drückt sein singuläres Sendungsbewußtsein aus: "Ihr sollt
aber wissen, daß der Menschensohn (9o) die Macht hat, auf
Erden Sünden zu vergeben."(91) Der Nachlaß aller Schuld ist
die frohmachende Botschaft von Gottes Liebe zum Heil der
Welt. In der Z u s a g e der Sündenvergebung wird Jesus
zum göttlichen Heils w o r t für die Menschen. Die inhalt=
lich nahe Beziehung zum johanneischen Logos ist kaum zu
übersehen.

Die ausführlichen vorangegangenen Darlegungen johannei=
scher Christologie mit ihrer bei allem Sondergut in der
Begrifflichkeit zentralen Aussage der Sendung durch Gott
sollten deutlich machen, daß entgegen der noch weithin vor
allem bei Dogmatikern verbreiteten Auffassung sich auch das
JohEv von seiner ursprünglichen Intention her und ohne dog=
matische Vorbelastung mit der synoptischen Christologie
"von unten" deckt. (92) Von diesem exegetischen Befund her
soll die nachneutestamentliche, insbesondere die dogmati=
sche Christologie befragt werden. Dabei gilt es, gleichsam
zusammenfassend folgende Wesenszüge neutestamentlicher
Christologien im Blick zu behalten. Es darf keine Akzent=
verlagerung von Tod und Auferstehung auf ewige Praeexi=
stenz und Menschwerdung hin vorgenommen werden, d.h. der
Mensch Jesus von Nazareth darf nicht im Schatten eines
falsch verstandenen Gottessohnes stehen. Eine ausdrückli=
che Menschwerdung Gottes selbst kommt im NT nicht vor. Viel=
mehr setzte sich eine Inkarnationschristologie gegenüber
der ursprünglichen Erhöhungschristologie durch. Auch die in
allen Evangelien vorhandene für Jesus so charakteristische
Vater-Anrede ist nichts anderes als ein erweiterter Aus=
druck für die Sendung durch Gott, wobei mit dieser Bezeich=
nung Gottes das Vertrauen besonders stark hervorgehoben
ist. (93) Entscheidend für neutestamentliche Christologie
bleibt immer, daß sie nicht ohne den Bezugspunkt Gott dar=
gestellt werden kann. Die Strukturen des JohEv bedeuten von
daher die dichteste Aussage der dialogischen Beziehung zwi=
schen Jesus und Gott. (94) Für alle Aussagen über Jesus
gilt ein alter Grundsatz G.Ebelings: "Es darf in christolo=

16

gischer Hinsicht nichts über Jesus ausgesagt werden, was
nicht im historischen Jesus selbst begründet ist und sich
nicht darauf beschränkt auszusagen, wer der historische Je=
sus ist." (95) Christologie beginnt im Leben Jesu selbst.
In der Verständigung über ihn und den Zusammenhang, in dem
er mit Gott steht, geschieht Christologie. Es geht um echte
Kontinuität, wenn mit den Mitteln historischer Kritik nach
dem gefragt wird, was wir von Jesus wissen können, wobei
die auferlegte Begrenzung von vornherein mitgesehen wird.
Die Rückfrage bildet die Basis für eine sachgerechte nach=
österliche Transformation. Jesus als Zeuge des Glaubens an
Gott wird durch die Auferstehung zum Grund des Glaubens.
Oder anders ausgedrückt: Durch die Glaubenserfahrung der
Auferstehung wird Jesus als Sohn Gottes erwiesen. Darin
liegt der Hauptansatzpunkt für paulinische Christologie:
"... der im Fleische nach aus dem Geschlechte Davids
stammt, dem heiligen Geiste nach durch seine Auferstehung
von den Toten als der Sohn Gottes voll Macht erwiesen wur=
de." (96) Der Sendungsgedanke wird dann auch bei Pl mit
dem Praeexistenzgedanken kombiniert: "Da kam die Fülle der
Zeit und Gott sandte seinen Sohn, der von einer Frau gebo=
ren, dem Gesetze unterworfen war." (97) Eine Zusammenschau
paulinischer, synoptischer und johanneischer Christologie
ergibt eindeutig, daß man nach dem NT Jesus nicht einfach
mit Gott identifizieren kann. Von der Gesamtkonzeption der
verschiedenen neutestamentlichen Christologien weichen
außer den drei Stellen im Prolog und Thomasbekenntnis des
JohEv (98) nur wenige Verse in durchweg späten helleni=
stisch beeinflußten Schriften ab, die Jesus Gott nennen(99).
In keinem Falle sind es Selbstaussagen Jesu, die dazu be=
rechtigen, von einem Gottmenschentum Jesu zu sprechen, wie
es Grillmeier in der biblischen Grundlegung zu seinen Un=
tersuchungen der nachneutestamentlichen Christologie bis
Chalkedon tut. (1oo) Das Skandalon der christlichen Bot=
schaft besteht nicht in einer Menschwerdung Gottes, die
eine Gleichsetzung von Gott und Mensch vollzieht, auch wenn
dies nicht als Gleichsetzung von Gottsein und Menschsein,
sondern nur als Vereinigung dieser zwei Seinsweisen in
einem gemeinsamen Träger verstanden wird. (1o1) Das chal=
kedonensische Vorverständnis ist offenkundig.

Wäre es nicht richtiger zu fragen: Hat die Kirche zu ver=
künden, daß dieser Mensch Jesus Christus Gott ist, oder daß
sich im Leben dieses Menschen Jesus Gott geoffenbart
hat? (1o2)

III. Nachneutestamentliche Logoslehre

1. Verlust biblisch-jüdischer Tradition: Ignatius von Antiochien

In Ignatius von Antiochien finden wir einen Vertreter der
unmittelbar nachneutestamentlichen Theologie. (103) Igna=
tius starb um 110 n.Chr., so daß die Entstehungszeit sei=
ner Schriften in eine zeitliche Nähe zu den johanneischen
fällt. Da die Abfassungszeit des JohEv, wie oben gezeigt,
nicht eindeutig zu bestimmen ist, kann die Möglichkeit
nicht ausgeschlossen werden, daß die Logoslehre des Igna=
tius bei aller Einbeziehung anderer Logosophien platoni=
scher, gnostischer und philonischer Provenienz im Anschluß
an das JohEv entwickelt wurde. (104) Denkbar wäre aller=
dings auch eine Kenntnis des vorjohanneischen Logoshymnus
durch Ignatius. Aber auch bei dieser Hypothese gehen die
gleichen Elemente in die ignatianische Logoslehre ein, wie
ein Zitat aus dem Epheserbrief des Ignatius, das für die
nachfolgende Tradition so bestimmend wurde, beweist: "ἔχο=
μεν ἰατρὸν καὶ τὸν κύριον ἡμῶν θεὸν Ἰησοῦν τὸν Χριστὸν,
τὸν πρὸ αἰώνων υἱὸν μονογενῆ καὶ λόγον, ὕστερον δὲ καὶ
ἄνθρωπον ἐκ Μαρίας τῆς παρθένου. ὁ λόγος σὰρξ ἐγένετο." (105)
Eine zweite Stelle des Eph fügt sich hier nahtlos an: "...
θεοῦ ὡς ἀνθρώπου φαινομένου καὶ ἀνθρώπου ὡς θεοῦ ἐνερ-
γοῦντος." (106) Schlier macht darauf aufmerksam, daß als
Aussage homologischer Texte ὁ θεός für Jesus zum ersten
Male bei Ignatius erscheint. (107) Auch wenn beide Stellen
in homologischen Hymnen vorkommen, läßt es die philosophi=
sche Beeinflussung ignatianischer Christologie nicht zu,
daß Jesus nur unter heilgeschichtlichem Aspekt Gott genannt
wird. (108) Aber selbst das wäre ein Schritt über das NT
hinaus.

Der Logos wird von Ignatius nicht nur als Urbild und γνῶσις
bezeichnet, Prädikationen, die noch auf paulinischen Ein=
fluß zuückgehen könnten (109), sondern es wird zusätzlich
das Bild des aus dem Schweigen hervorgehenden λόγος πνευμα=
τικός und ἀγέν(ν)ητος benutzt. Liébaert hebt hervor, daß
sich auch die Worte γέν(ν)ητος und ἀγέν(ν)ητος, die später
in der arianischen Kontroverse eine große Rolle spielen,
bei Ignatius zum ersten Mal in der Christologie finden.
Beide Termini sind der philosophischen Sprache entlehnt. (110)
ἀγέννητος geht auf das Lehrgedicht des Parmenides (111) zu=
rück als Prädikat des unteilbaren unveränderlichen Seins.

Die indirekte Wirkung des parmenideischen Seinsbegriffs, die sich in der Aufnahme des Prädikates ἀγέννητος verrät, kommt in der bereits dargestellten Überbetonung des gött= lichen Wesens Jesu zum Ausdruck, das bei aller Betonung seines vollkommenen Menschseins (τοῦ τελείου ἀνθρώπου γενομένου) (112) bei Ignatius deutlich im Vordergrund steht.

Hinzu kommt eine Uminterpretation von zwei auf Jesus übertragenen alttestamentlichen Würdetiteln (113). Die messianische Bedeutung geht verloren. Während "Men= schensohn" die Menschheit Jesu bezeichnet, steht "Gottes= sohn" für seine Göttlichkeit. (114) Gottessohnschaft und Praeexistenz werden dabei nicht mehr wie bei Paulus im bib= lischen Sinne kombiniert, sondern durch den Verlust des Zu= sammenhangs mit jüdischer Theologie und unter dem Einfluß griechischer Philosophie neu interpretiert. Diese Ausle= gung führt allerdings in eine einseitige Richtung, die dem ursprünglichen neutestamentlichen Anliegen bei der Über= tragung der alttestamentlichen Hoheitstitel auf Jesus nicht gerecht wird. In diesem Sinne muß das Gleichsetzen von "Menschensohn" mit "Mensch" und "Gottessohn" mit "Gott" als ein literalistisches Mißverständnis angesehen werden. Bei Ignatius ist es zum ersten Mal berechtigt, von menschlicher und göttlicher Seinsweise zu sprechen. Der Boden neutesta= mentlicher Christologien "von unten", die allein vom Men= schen Jesus ausgehen, ist verlassen zugunsten eines Wesens, das zumindest zur Hälfte der göttlichen Seinsphäre ange= hört. Das ist ausdrücklich festzuhalten gegen Gilg (115), der meint, daß das Prädikat "Sohn Gottes" nicht in ein vor= weltliches Sein verweisen will. Für den Gottessohntitel würde ich dem sofort zustimmen und auf meine eigenen, genau in dieser Richtung liegenden Ausführungen verweisen (115). Durch die Verbindung mit der θεός -Prädikation und ihrer nachdrücklichen Abhebung gegenüber der Menschheit Jesu ergibt sich jedoch eine andere Konstellation. Auch wenn noch nicht von einer göttlichen und menschlichen "Natur" gesprochen wird, ist der Ansatz für die chalkedonensische Zweinaturenlehre vorhanden, allerdings weder im Sinne Came= lots (117) noch Grillmeiers (118), die genau dort, wo bei Ignatius der Umbruch geschieht und die Kritik ansetzen soll= te, statt dessen gerade die Aussagen seines Eph als neu= testamentlich interpretieren und auf diese Weise die "bib= lische" Grundlage für alle folgenden Dogmen schaffen.

Durch die Umdeutung biblischer Hoheitstitel und ihre Vermi= schung mit den Kategorien griechischer Seinsphilosophie setzt Ignatius den Anfang für eine folgenschwere verengte Betrachtungsweise nachneutestamentlicher Christologie, die in der konziliaren Definition des Symbolum von Nikaia ihren ersten dogmatischen Kulminationspunkt erreicht.

2. Platonischer und stoischer Einfluß: Justin

Bei Justin, der um 165 n.Chr. in Rom lehrte, läuft mit
einer noch größeren Hereinnahme antiker Philosophie in die
christliche Verkündigung eine weitere Verengung biblischer
und von Ignatius bereits umgeprägter Logoslehre parallel.
Justin, nicht zu Unrecht der erste christliche Philosoph
genannt, glaubt, daß die griechische Logoslehre eine Vor=
bereitung für das Christentum war. In der Inkarnation
sieht er deshalb die Erfüllung der alten Logosophie und
wertet sie durch die Gestaltung eines umfassenden gedank=
lichen Gebäudes aus. (199) Eine eigenwillige und in die=
ser Form erstmalige Interpretation des LkEv zur Verteidi=
gung der Jungfrauengeburt stellt die Anschauung der Selbst=
zeugung des Logos dar, die sich später noch bei Tertullian
und Klemens von Alexandrien findet. Da sich Justin sowohl
gegen die Vorstellung einer Empfängnis durch Gott als auch
gegen eine adoptianische Christologie wehrt, muß er an
einer besonderen Geisteskraft Jesu seit seiner Geburt fest=
halten. (120) Die Identifizierung des Logos mit Christus
und seine Bezeichnungen als ἀρχή sowie (πρώτη) δύναμις
in der Verbindung mit Sohn Gottes lassen den platonischen
und überwiegend philonischen Einfluß erkennen. In seiner
Apologie (121) wird die Weltseele des platonischen "Timai=
os" (122), die auf das Weltenkreuz ausgespannt ist, von
Justin durch eine problematische Gleichsetzung mit dem Lo=
gos als Prophetie oder Urbild des Kreuzes Christi inter=
pretiert. (123) Während der stoische Terminus αἰώνιος
νόμος noch auf Christus übertragen wird, wird der λόγος
σπερματικός auf die Beziehung zwischen Christus und den
Christen angewandt: Durch die Begegnung mit Christus
erwacht der Logos-Same im Menschen zum Selbstbewußtsein.
Parallel zu Justins Verständnis der antiken Logoslehre als
Vorbereitung des Christentums geht seine Auffassung, daß
jeder Mensch einen λόγος σπερματικός auf die Wahrheit hin
habe. Auf dieses Denkmodell treffen wir wieder in der "ani=
ma naturaliter Christiana" Tertullians.

Der kurze Aufriß justinischer Logoslehre stellt keinen
Selbstzweck dar, sondern soll wie auch der knappe Überblick
über die folgenden typischen Vertreter nachneutestamentli=
cher Logosophien die Richtung deutlich machen, die die Lo=
goslehre in der frühchristlichen Theologie seit dem NT, bzw.
vom NT weg, eingeschlagen hat.

Die gleiche Entwicklung schimmert im Praeexistenzverständ=
nis Justins durch. Er glaubt, daß Jesus praeexistierte als
Sohn des Schöpfers und als Gott, daß er Mensch wurde durch
die Jungfrau. Damit verschiebt sich der Akzent vom Men=
schen Jesus, den die Schrift verkündet, auf den praeexi=

stenten Sohn im Sinne der verschiedensten Logoslehren grie=
chischer Philosophie. (124)

Mit Justin beginnt insofern eine Einengung, als Praeexi=
stenz historisch verstanden wird. Im "Dialog mit Tryphon"
werden die Theophanien des AT bereits als Kundgebungen des
Logos angesehen, bei denen er menschliche Gestalt (ἐν ἀνθρώπου μορφῇ) (125) annahm. (126) Von daher behält auch
im NT für Justin der Gott-Logos die Führung im Menschen
Jesus. (127)

3. Kosmologische Spekulation: Athenagoras

Stärker noch als Justin greift Athenagoras, der in der
zweiten Hälfte des zweiten Jahrhunderts Beziehungen zur
Akademie von Athen und zur Katechetenschule von Alexan=
dria hatte, (128) in seiner Logoslehre wohl unter dem Ein=
fluß des mittleren Platonismus über den johanneischen Lo=
gosgedanken mit seiner christologisch konzentrierten Sicht
hinaus. Der Logos wird ähnlich wie in der griechischen
Philosophie, nur christlich gewendet, zum Ansatzpunkt für
ein Gesamtverständnis der Wirklichkeit. (129) Dabei ist der
Logos nicht nur wie bei Justin und Tatian, einem Schüler
Justins, ordnendes Prinzip der Materie, sondern gehört zu=
gleich wie die Weltseele des Albinos und der Demiurg des
Numenios dem Bereich des Noeton an: "Der Sohn Gottes ist
der Logos des Vaters ἐν ἰδέᾳ καὶ ἐνεργείᾳ." (130) Von
Ewigkeit als νοῦς und λόγος in Gott trat er dann zum
Zweck der Weltschöpfung aus ihm hervor, ohne selbst ein
Geschöpf zu sein. (131) Im Anschluß an diese mittelplato=
nische Lehre nimmt Athenagoras eine Erweiterung des all=
gemeinen Gedankens vom praeexistenten Logos durch eine
Praeexistenz des "hervorgegangenen" Logos im Innern des
ewigen Vaters vor. Hinter der Vermittlung durch den alt=
christlichen Platonismus wird an dieser Stelle der Ein=
fluß des philonischen λόγος ἐνδιάθετος sichtbar. (132)

4. Griechischer Verstehenshorizont: Theophilus von Antiochien

Nach Athenagoras unterscheidet dann Theophilus von An=
tiochien (um 180) den λόγος ἐνδιάθετος vom λόγος προφορικός und überträgt als erster Vertreter "christlicher"

Logoslehre beide auf den Weltenlogos. Die Übernahme des
Logosbegriffs mit seiner kurz angedeuteten Ausgestaltung
besonders philonischer Motive gerade durch Theophilus von
Antiochien, dem ansonsten Haß und Unverständnis für die
Welt des Griechentums nachgesagt werden, spricht für die
allgemeine und starke Verbreitung der Logoslehre in der
damaligen Zeit. (133) Auch wenn Theophilus für die Ent=
wicklung der christlichen Formel nicht weiter von Be=
deutung ist (134), ist seine Bezeichnung der Erscheinung
des Logos im Paradies als πρόσωπον des Vaters für den
Hauptteil dieser Arbeit, die den Personbegriff der früh=
christlichen Theologie in die Mitte stellt, interessant.

5. Versuch einer christlichen Gnosis: Klemens von Alexandrien

Eine Verbindung von Klemens von Alexandrien zu Athenagoras
ist nicht ganz sicher. Fest steht dagegen, daß Klemens bis
zur Christenverfolgung (202/3) Nachfolger seines Lehrers
Pantänus in der Leitung der Katechetenschule von Alexan=
drien war. Der Logos ist in seinen Werken, in denen Sy=
stematik und Wissenschaftlichkeit angestrebt und durch die
Klemens zum eigentlichen Begründer der alexandrinischen
Schule wurde, das absolut beherrschende Element. Fort=
schreitend von der stoischen Terminologie des sensus com=
munis für die Gotteserkenntnis im Anschluß an Röm 1, 19 f
wird das Kennen des Vaters durch den Logos vermittelt. Da
die natürliche Gotteserkenntnis nicht ausreichte, bedurfte
es der Inkarnation, ein Gedanke, der sich auch bei Ire=
näus findet. (135)

Die platonische Tradition, die nach Ignatius in verstärk=
tem Maße bei Justin Eingang in die christliche Theologie
gefunden hat, wird auch von Klemens in seiner Christologie
rezipiert. Der λόγος wird als ὅλος νοῦς (136), ἐνέργεια
(137), Abbild (138) und Licht des Vaters (139) bezeichnet.
In der Sprache des Mittelplatonikers Albinos, die wieder
auf den platonischen "Timaios" zurückgeht, beschreibt Kle=
mens den Logos, der Sohn Gottes ist, als den göttlichen
Sinn und die Harmonie von allem, was als Gottes Werkzeug
die Welt schafft. Der Logos hat das All geordnet (ἐκόσμη-
σεν): "Das ungemischte Lied (sc. der Logos), Stütze des
Ganzen und Harmonie des Alls, von der Mitte zu den Grenzen
und vom Äußersten zur Mitte gespannt, hat dieses zusam=
mengefügt... nach dem väterlichen Willen (βούλησιν) Got=
tes." (140) Die Nähe zum Neuplatonismus wird deutlich,
wenn der Sohn, obwohl er eins ist, wie der νοῦς Plotins

zugleich alles übrige umfaßt: ὡς πάντα ἕν (141).

Der Logos ist Gott und Mensch. Aufgrund seines durch die Stoa geprägten Denkens will Klemens deshalb die Leugnung der πάθη nicht als Doketismus, sondern als stoisches Tu= gendideal verstanden wissen. Da Klemens über die Stoa hin= aus den ausdrücklichen Versuch unternimmt, eine christli= che Gnosis zu verwirklichen, besteht aber trotz der so= teriologischen Sicht, daß der göttliche Logos sich als Leh= rer zu erkennen gibt, um die Menschen zu erleuchten und zu erziehen, die Gefahr, unter gnostischem Einfluß die Mensch= heit Jesu als Erscheinungsform zu verflüchtigen, zumal trotz Verurteilung des Doketismus eine Geringschätzung des Leiblichen auffällt.

Die Abwertung des Körperlichen wurde im Platonismus für die Folgezeit grundgelegt. Es ist bezeichnend, daß bei Klemens die stoische ἀπάθεια in platonischem Kontext be= handelt wird im Zusammenhang mit der ὁμοίωσις θεοῦ, die uns noch später vor allem bei Apollinaris beschäftigen wird. Diese erscheint bei Klemens zum ersten Mal als christliches Ideal und wird mit der γνῶσις verbunden.(142) Auf platonischem Hintergrund scheint deshalb die ἀπάθεια , auch wenn sie von Klemens durch die Einwohnung des Logos erklärt wird, einen mehr gnostischen Einschlag der Erlö= sung zu begünstigen. (143) Dieser Eindruck wird bestätigt, wenn Klemens das JohEv ein "pneumatisches Evangelium" nennt (144). Das hinter dieser Bezeichnung stehende Verständnis der johanneischen Schrift ist für seine Christologie, die von der Praeexistenz des Logos ausgeht, charakteristisch. Von daher ist es meiner⸌ Ansicht nach Klemens nicht als Verdienst anzurechnen, wie Adam es in seiner Dogmengeschichte tut (145), daß Klemens durch die wissenschaftliche Anwendung der griechisch-phi= losophischen Begriffssprache auf Probleme der Christolo= gie den Weg eröffnet habe, den die kommenden Jahrhunderte in der Herausarbeitung des christologischen Dogmas gehen konnten. Zumindest kann nicht bestritten werden, daß bei aller "Anpassung" der christlichen Botschaft an das Denken der Umwelt des 2. Jhs. und der Indiennahme seiner Vor = stellungsweisen eine weitere Verlagerung vom Menschen Je= sus auf den göttlichen Logos geschehen ist. Immerhin spricht Klemens von der Führermacht des Logos. (146) Dazu paßt, auch hier als Ausblick auf die späteren Ausführungen, daß Christus ein προσωπεῖον des Menschen, verstanden als "Maske", angenommen habe. (147) Selbst wenn es Klemens fern lag, προσωπεῖον eine theologische Bedeutung beizumessen, ist die Wahl des Terminus im Kontext der von ihm vertrete= nen Anschauungen doch nicht zuletzt ein Zeichen dafür, daß das Menschsein Jesu in der alexandrinischen Schule von An= fang an nicht ganz ernst genommen wurde.

6. Sammelbecken aller logosophischen Strömungen:
Origenes

Mit achtzehn Jahren berief der Bischof von Alexandrien
Origenes zum Leiter der Katechetenschule und damit zum
Nachfolger des Klemens. Seine Tätigkeit dort erstreckte
sich über achtundzwanzig Jahre bis 230/31. (148)

Die Logoslehre des Origenes ist ein Sammelbecken aller
ihm vorausgegangenen logosophischen Strömungen (Heraklit,
Platon über Philon, Aristoteles, Stoa, Neupythagoreismus
und Mittelplatonismus; neue Ansätze durch den beginnenden
Neuplatonismus). Zugleich wird Origenes zum nachhaltigen
Vermittler all dieser Geistesrichtungen an die Vertreter
der von ihm beeinflußten nachorigenistischen Theologie,
besonders an Athanasius, Eusebius von Caesarea, die Kappa=
dokier, sowie an die Lateiner Marius Victorinus, Hilarius
von Poitiers, Eusebius von Vercellae, Rufinus und vor al=
lem Ambrosius. (149)

Origenes Schrift περὶ ἀρχῶν, von Rufinus in purgierter
Form ins Lateinische übersetzt, gilt als die erste christ=
liche Dogmatik.

Dem Logos kommt im Hinblick auf die Christologie eine
zweifache Bedeutung zu, nämlich Weisheit Gottes und Urbild
der Dinge zu sein. Darüber hinaus ist der Logos im An=
schluß an den λόγος ὀρθός des Aristoteles Sollens- und
Wertmaß für den Menschen. (150) Das ließ sich gut mit dem
johanneischen Jesuswort verbinden: "Ich bin der Weg, die
Wahrheit und das Leben." (151) Außerdem enthält der Logos
als Entwicklungsprinzip die Anfänge und Formen aller Krea=
tur in sich, die λόγοι σπερματικοί der Stoa. (152)

Die platonisierende Tendenz drückt sich in der Überzeugung
des Origenes aus, daß Gott sich in Bildern geoffenbart ha=
be. Eine Offenbarung in Bildern, mehr geprägt durch die
platonische Urbild-Abbild-Theorie als durch Röm 8, 29,
birgt jedoch die Gefahr der Statik in sich. Der Platonis=
mus prägt nicht nur die origenistische Interpretation der
Offenbarung, sondern wird auch im Gottesbegriff selbst
deutlich. Wie bei Klemens und Plotin liegt die hervorra=
gende Wesensbestimmung des Vaters in seiner absoluten Ein=
heit und Einfachheit: " ὁ θεὸς μὲν οὖν πάντη ἕν ἐστι καὶ
ἁπλοῦν." (153) Gott ist die ἀρχή des Sohnes und die ἀρχή
alles Seienden: "ἀρχὴ υἱοῦ ὁ πατήρ ...καὶ ἀπαξαπλῶς ἀρχὴ
τῶν ὄντων ὁ θεός ." (154) Im abgeleiteten Sinne muß auch
der Sohn ἀρχή genannt werden und deshalb auch οὐσία οὐσίων
und ἰδέα ἰδέων . (155)

Es ist bezeichnend, daß der erste, allerdings nur fragmen=
tarisch erhaltene Joh-Kommentar aus der Väterzeit von Ori=
genes stammt. In seinen Anmerkungen zu Joh 1, 1 wird von
Origenes Christus als ἀρχή mit σοφία im Anschluß an
Weish 8, 22, eine zentrale Stelle in der arianischen Kon=
troverse, identifiziert und als δημιουργός verstanden, der
die idealen Urbilder des Alls in sich trägt. Durch diese
sehr freie Deutung der Evangelientexte (156) wird es mög=
lich, daß, während Origenes mit Hilfe platonisch-mittel=
platonischer Tradition, die inzwischen alexandrinische
Tradition geworden ist, den Logos dem Bereich des Göttli=
chen zuteilt und von einer ewigen Zeugung des Logos
spricht, ihn Arius, der an die gleichen oben zitierten
Schriftstellen anknüpft und sie entgegensetzt interpre=
tiert, dem Bereich des Geschaffenen zuweist (ἔκτισε). (157)
Die antiochenische Tradition sieht in ἐν ἀρχῇ die Dimen=
sion der Zeit. Die am Beginn dieser Arbeit stehenden exe=
getischen Überlegungen zum johanneischen Prolog lassen we=
der die allegorische oder pneumatische Bibelauslegung des
Origenes noch die verbale oder historisch mißverstandene
des Arius zu Joh 1, 1 zu. (158)

De principiis II und IV enthält die Lehre des Origenes
über die Menschwerdung: "... suscepit non solum corpus hu=
manum, ut quidam putant, sed et animam nostrarum quidem
animarum similem per naturam." (159) Die Betonung der See=
le, die dem platonisierenden Rahmen gemäß praeexistiert,
ist freilich Ausdruck einzigartiger Vereinigung mit dem
Wort: "anima quasi ferrum in igne, sic semper in Verbo...
et ideo non convertibilis aut mutabilis dici potest..."
(160) Das Durchdrungensein vom Wort wie das Eisen im Feuer
und die Betonung der Unveränderlichkeit sind nur zwei mar=
kante Stichworte, die aus den christologischen Diskussio=
nen der folgenden zwei Jahrhunderte nicht mehr wegzudenken
sind. Wer eine Veränderlichkeit des Wortes lehrt, verfällt
in Nikaia dem Anathema. (161) Bei dieser Vergöttlichung
von Leib und Seele besteht die Gefahr, die Menschheit in
der Gottheit zu absorbieren. Sie werden so vereinigt und
vermischt (ἐνώσει καὶ ἀνακράσει)(162), wogegen sich aller=
dings die Konzilsdefinition von Chalkedon wenden wird
(ἀσυγχύτως)(163), daß sie in Gott selbst umgewandelt wer=
den (εἰς θεὸν μεταβεβληκέναι) (164).

Bei Origenes kann man deshalb nicht mehr von einer Verla=
gerung vom Menschen Jesus auf den göttlichen Logos hin
sprechen, sondern statt dessen von einer Vergottung Jesu,
selbst wenn Origenes wiederholt behauptet, daß die Würde
des Logos ein wenig geringer sei als die des Vaters. (165)
Elert charakterisiert diesen Sachverhalt treffend, wenn er
schreibt, daß, indem der ewige Logos gleichzeitig bleibt,
was er ist, unveränderlich wie Gott selbst, der ganze

Abstieg das Aussehen der Uneigentlichkeit erhält. (166)
Mit κατάβασις , ein Begriff, der von Origenes bevorzugt
verwendet wird, ist die Umkehrung der Christologie "von
unten" in die Sichtweite der Christologie "von o b e n "
ausdrücklich vollzogen. Hierzu paßt, daß der Terminus
"Gottmensch", dem man so gerne biblische Provenienz nach=
sagt, von Origenes geprägt wurde. (167)

In diesen Zusammenhang gehört auch der Begriff des ὁμοούσιος
bei Origenes, den er im Vergleich zum vereinzelten Vor=
kommen bei Klemens von Alexandrien häufiger gebraucht.
Ohne auf die Problematik an dieser Stelle näher einzuge=
hen, sei darauf hingewiesen, daß der wie immer verstande=
ne Substanzbegriff hier durch den Terminus φύσις in die
Gottesbeziehung hineingetragen wird: ὁμοούσιος ist bei
Origenes synonym für τῆς αὐτῆς φύσεως , eine communio
substantiae von Vater und Sohn. (168)

7. Grundzüge nachneutestamentlicher Logoslehre: Jesus
   als ewiger göttlicher Logos und Gottmensch

Der Überblick von typischen Vertretern nachneutestament=
licher Logoslehre sollte verdeutlichen, daß in der theo=
logischen Entwicklung der ersten Jahrhunderte bei der Be=
rufung auf das NT schwerpunktmäßig das JohEv benutzt wur=
de. Durch den zunehmenden Einfluß der griechischen Philo=
sophie auf die christliche Theologie lag der Anschluß an
die vom Logos geprägte johanneische Schrift verständli=
cherweise besonders nahe.

Sieht man davon ab, daß das JohEv zu den nachweisbar spä=
testen Schriften des NT gehört und man deshalb bei einer
ausschließlichen Berufung auf das vierte Evangelium nur
einen begrenzten Strang neutestamentlicher Verkündigung
greifen und die Gesamtkonzeption des NT leicht aus dem
Auge verlieren könnte, so haben die exegetischen Ausfüh=
rungen gezeigt, daß Anlage und Konzeption des JohEv mit
ihrem zentralen biblischen Gedanken der Sendung durch
Gott sich mit der ohnehin akzeptierten adoptianischen
Christologie der drei synoptischen Evangelien decken.

Die immer stärker werdende Einseitigkeit nachneutesta=
mentlicher Interpretation des JohEv ist deshalb nicht un=
bedingt durch die johanneische Schrift selbst provoziert,
sondern vor allem dadurch, daß eine beginnende Exegese,
bei Ignatius zunächst noch, wie wir zu erklären versucht
haben, literalistischer, später mit dem Aufkommen der

Alexandriner mehr pneumatischer und allegorischer Art,
den Logosbegriff und besonders den von ihm geprägten jo=
hanneischen Prolog nicht weiter nach literarischen Ein=
flüssen hinterfragt, sondern neue sachfremde Interpreta=
tionen einbringt, und deshalb durch ein falsches Ver=
ständnis die dahinter stehenden Denkmodelle nicht erkennt.
Denn auch gerade für das NT gilt, daß sein sprachliches
Gewand nicht neu erfunden ist und damit die biblische For=
mulierung der Offenbarung wie das spätere Dogma geschicht=
lich sind.

Was bei Ignatius durch die Uminterpretation der messiani=
schen Titel "Gottes-" und "Menschensohn" geschehen ist,
wird durch die Ausweitung und Umprägung johanneischer Lo=
goslehre mit Hilfe der vielfältigen Logoslehren griechi=
scher Philosophie nur verfestigt. Das Ergebnis ist die
Identifikation eines ewigen Logos mit einem ewigen Got=
tessohn, was der ursprünglichen Intention des Verfassers
des JohEv widerspricht. Bei aller Berechtigung und Not=
wendigkeit, die neutestamentliche Botschaft in den Denk=
kategorien einer neuen Zeit auszusagen und dem Zugeständ=
nis, daß dabei immer Veränderung geschieht, stellt sich
doch die ernste Frage, ob nicht bei der Aktualisierung im
2. Jh. schon wesentliche Elemente verdrängt werden und das
eigentliche Anliegen neutestamentlicher Christologien,
daß Gott sich im M e n s c h e n geoffenbart hat, in
den Hintergrund gerät zugunsten der Proklamierung eines
G o t t -menschen, bei dem gerade die menschlichen Züge
völlig verblassen. Die Offenbarung der Liebe Gottes im
Menschen Jesus, der diese Liebe in Wort und Tat verkünde=
te und lebte, bedeutet keine Auflösung des Mysteriums
einer einmaligen Verbindung zwischen Gott und Mensch. Auch
wenn es das dringlichste Anliegen der Logos-Christologie
der ersten Jahrhunderte war, die Gültigkeit ihrer Vereh=
rung des Menschen Jesus von Nazareth aufzuzeigen, (169)
ist dieser Mensch aber nicht mehr als ein Schatten des
ewigen Gottessohnes.

Am Anfang der dogmatischen Christologie, die nicht auf die
Fülle des neutestamentlichen Kerygma, das noch keine sy=
stematische Christologie kannte, zurückgeht, sondern auf
der nachneutestamentlichen Logoslehre aufbaut, steht des=
halb bereits eine inhaltliche Verkürzung neutestamentli=
cher Christologien. Was Thüsing gegen Rahner allgemein
geltend macht, indem er eine weitgehende Übereinstimmung
der "späten" neutestamentlichen Christologien mit der kir=
chenamtlichen "klassischen" Christologie verneint und
stattdessen für eine Neubelebung der Aszendenzchristologie
plädiert (170), wird hier am konkreten Beispiel der nach=
neutestamentlichen Logoslehre bestätigt.

IV. Biblische Theologie und griechische Philosophie

1. Biblischer Gottesbegriff und griechischer
    Seinsbegriff: Heilsgeschichtliche Dynamik
    und metaphysische Statik

Der bei der Darstellung nachneutestamentlicher Logoslehre
bereits kurz skizzierte Einfluß der griechischen Philoso=
phie auf die neutestamentliche und nachneutestamentliche
theologische Entwicklung stellt die Frage nach dem Ver=
hältnis von biblischer Theologie und griechischer Philo=
sophie. Pannenberg weist in seinem fundamentalen Auf=
satz (171) darauf hin, daß der grundsätzliche Bezug von
Theologie und Philosophie aufeinander insofern gerecht=
fertigt ist, als das biblische Zeugnis von dem u n i =
v e r s a l e n Gott eine philosophische Begründung for=
dert. Umgekehrt kann auch ein universales Verständnis von
Philosophie darüber hinaus immer nur zur Selbstklärung
des Denkens beitragen. Dies gestattet jedoch keine unre=
flektierte Rezeption philosophischer Begriffe auf a n a =
l o g e biblische Gotteserkenntnis. Indem biblische Got=
teserkenntnis als Gottes e r f a h r u n g ein Erkanntwer=
den des Menschen durch Gott bedeutet (172), sprengt sie
mit ihrer Dynamik die statische Leit i d e e des grie=
chischen Gottesbegriffs, lediglich Ursprung für alles
Vorhandene zu sein. Natürlich stimmt es, daß funktionale
biblische Aussagen im Sinne der Bibel Wesensaussagen sind.
Dennoch entstammen die Wesensaussagen der Dogmatik einer
anderen geistesgeschichtlichen Tradition und fußen deshalb
auch auf anderen Denkmodellen, die nicht ohne weiteres auf
die Bibel übertragbar oder mit ihr identisch sind. Deshalb
ist auch die Dogmengeschichte ebenso kritisch zu befragen
wie das NT.

Da das einmalige Gottesverhältnis Jesu im Zentrum aller
Überlegungen dieser Arbeit steht, soll eine Betrachtung
Rahners zu eben diesem Thema das Anliegen der vorher=
gehenden Ausführungen verdeutlichen: "Wer z.B. sagen wür=
de, Jesus ist der Mensch, der die einmalige absolute
Selbsthingabe an Gott lebt, könnte damit das Wesen Chri=
sti durchaus richtig in seiner Tiefe ausgesagt haben,
v o r a u s g e s e t z t , daß er begriffen hätte, daß
a) diese Selbsthingabe eine Mitteilung Gottes an den Men=
schen voraussetzt; daß b) eine absolute Selbsthingabe
eine absolute Mitteilung Gottes an den Menschen impli=
ziert, die das durch sie Bewirkte zur Wirklichkeit des
Bewirkenden selbst macht, und daß c) eine solche existen=

28

tiale Aussage nicht ein 'Gedachtes', eine Fiktion bedeu=
tet, sondern in radikaler Weise eine Seinsaussage
ist." (173) Rahners Formulierungen sind sicher ein ge=
glückter Versuch, das Geheimnis der besonders innigen
Verbundenheit Jesu mit Gott zu umschreiben. Daß es sich
dabei um eine Seinsaussage handelt, die das Fundament un=
seres Glaubens bildet, ist nicht zu bestreiten. Eine
mögliche Sprachregelung läßt das in jedem Falle auch für
die Gegenwart zu. Es erhebt sich aber die Frage, ob das,
was Rahner mit Seinsaussage bezeichnet, mit dem Seinsbe=
griff der griechischen Metaphysik zusammenfällt, der
nachweisbar in die klassische Christologie eingegangen
ist. Die kritische Sichtung nachneutestamentlicher Logos=
lehre hat das schon teilweise in Frage gestellt.

Um die Problematik noch schärfer in den Blick zu bekom=
men, soll auf dem eben skizzierten Hintergrund eine These
Thüsings untersucht werden: "Die klassische Christologie
drückt in formalisierten Wesensaussagen das aus, was im
NT 'nur' in der Verkündigung des auferweckten Jesus, sei=
ner Relation zu Gott und seiner präsentisch- und futurisch-
eschatologischen Funktion zu finden ist." (174) Bedeutet
dieses "nur", in Beziehung gesetzt zur Vielzahl der
Christologien im NT, wirklich keine Minderung, "sondern
eine Intensivierung und Verifizierung durch Zurückführung
auf das Urdatum (den 'erhöhten Kyrios', der in seiner Per=
son und Funktion die Bleibendheit der Person und Funktion
des Jesus der Geschichte ist)"? (175) Selbst wenn man von
der philosophischen Prägung absieht, wird die klassische
Christologie einfach nicht der Fülle neutestamentlicher
Verkündigung mit ihrem nicht gering einzuschätzenden
sprachlichen Reichtum in der Christologie gerecht.

Entscheidend bleiben jedoch die zugrunde liegenden unter=
schiedlichen Denkkategorien biblischer und altkirchlicher
Christologie. Die Lebendigkeit der personalen Beziehung
zwischen Gott und Mensch, der in dieser Geschichte Heil
schafft, geht bei der Reflexion über den an Jesus orien=
tierten Glauben im sprachlichen Ausdruck philosophischer
Termini verloren. Hinzu kommt, daß in der frühchristli=
chen Theologie das philosophische "Rückschlußverfahren"
nicht mehr als Gegenstand kritischer Anknüpfung, sondern
als gültige Erkenntnismöglichkeit aufgenommen wird, die
W e s e n s art Gottes zu erschließen. Diese Methode wird
auf das Sprechen über Jesus transponiert.

Der Hinweis Pannenbergs auf die außerchristliche Prove=
nienz verschiedener vermeintlich christlicher Gottesprä=
dikationen (176) kann in seiner weitreichenden Bedeutung
gar nicht ernst genug genommen werden. Wie das ἀγέννητος
bei Ignatius, dessen Herkunft bei Parmenides zu suchen

war, finden sich auch andere Begriffe, die bei der Über=
nahme des gedanklichen Gebäudes griechischer Metaphysik
in die christlichen Aussagen über Gott eingehen, schon
bei den Vorsokratikern, z.B. Unveränderlichkeit bei Ana=
ximander, Andersartigkeit bei Xenophanes und Einfachheit
bei Anaxagoras. Gerade der Gedanke der Einfachheit Gottes,
von Platon und Aristoteles weiterentwickelt und über den
mittleren Platonismus und Neuplatonismus tradiert, wird
für die christliche Gottesspekulation aufgegriffen. Der
platonische Einheits- und Ewigkeitsbegriff, letzterer
mißverstandenen als Ausdruck der Zeitlosigkeit, in der die
lebendige Nähe Gottes verlorengeht, wirkte sich später al=
lerdings äußerst nachteilig für die Dogmenbildung aus.
Die Unaussprechlichkeit und Allgegenwart Gottes, um noch
zwei Beispiele anzuführen, werden auch durch den mitt=
leren Platonismus an die noch junge Kirche vermittelt.

Alle Prädikate gehören der S e i n s philosophie und
nicht der Tradition griechischer Werdephilosophie mit
ihrem Hauptvertreter Heraklit an. Auch wenn eine Mensch=
w e r d u n g Gottes selbst unbiblisch ist, so wäre den=
noch im Anschluß an eine exegetisch exakte Interpretation
von Joh 1, 14 " ὁ λόγος σάρξ ἐγένετο " eine Anknüpfung an
Heraklits W e r d e philosophie gemäßer gewesen. Die Di=
mensionen ihres Denkens hätten sich leichter mit der bib=
lichen Dynamik verbinden lassen. Trotz der starken Wir=
kung des herakliteischen Logosbegriffs hat sich im Ver=
laufe der geschichtlichen Entwicklung nicht die Werde=
philosophie Heraklits, sondern von Parmenides her durch
den mächtigen Einfluß Platons und Aristoteles' die Seins=
philosophie durchgesetzt. Die Übermacht platonischen Den=
kens mit seinem statischen Gottesbegriff mußte auch die
theologische Entwicklung im frühen Christentum in eine
andere Richtung lenken.

Die Gottesprädikationen der antiken Seinsphilosophie wer=
den zum Maßstab der Rechtgläubigkeit. Der Gedanke Anaxi=
manders, der im Kampf gegen den Polytheismus glaubt, was
sich bewege und verändere, könne nicht der letzte gött=
liche Ursprung sein, erhält immer größeres Gewicht. Dem=
gegenüber ist der Gott des Alten und Neuen Testaments al=
lenfalls "unveränderlich" in der Treue zu seinem Volk.(177)
In seinem Ausgangspunkt ist das ursprüngliche christliche
Denken heilsgeschichtlich und nicht metaphysisch (178).
Bei der Rezeption griechischer Philosophoumena erkennt
man aber nicht mehr das Neue der tätigen Offenbarung Got=
tes im Menschen Jesus, sondern man meint, den von Jesus
erhobenen Anspruch einer absoluten Gottesbeziehung nur
dadurch legitimieren zu können, daß man ihm eine W e =
s e n s g l e i c h h e i t mit Gott zuschreibt.

2. Philosophische Terminologie: Das Konzil von Nikaia

Obwohl das nizänische Symbolum als erste dogmatische De=
finition der Kirche selbstverständlich zur dogmatischen
Christologie gehört und seine Behandlung deshalb in den
folgenden zweiten Teil dieser Arbeit eingereiht werden
müßte, seien an dieser Stelle einige kritische Anmerkun=
gen vorgetragen. Die Begründung dafür liegt einerseits in
der inhaltlichen Nähe zum vorangegangenen Kapitel, ande=
rerseits darin, daß es die Hauptintention der vorliegen=
den Ausführungen ist, den Personbegriff in der frühen
Christologie zu untersuchen, um dadurch einen Beitrag zur
Dogmengeschichte zu liefern. Diese Analyse soll im Haupt=
teil durchgeführt werden. Da der dogmatische Personbe=
griff der westlichen Christologie außerdem seine Wurzel
bei Tertullian hat und in der lateinischen Tradition erst
von Ambrosius wieder aufgegriffen wird, darüber hinaus in
der östlichen Christologie überhaupt erst in der nachni=
zänischen Periode bei Apollinaris bzw. Theodor von Mop=
suestia zu finden ist, scheint es gerechtfertigt, im Rah=
men dieser Darlegungen das Konzil von Nikaia nur soweit
zu streifen, wie es die zugrunde liegende Absicht dieser
Arbeit unterstreicht.

Es ist zweifellos das echte Anliegen der nizänischen
Konzilsväter, die biblischen Aussagen über Jesus zum Fun=
dament ihrer Überlegungen zu machen. Aber auch wenn als
bekannte Tatsache vorausgesetzt werden kann, daß der Lo=
gosbegriff selbst in Nikaia vermieden wird, kommt es
schon bei der gedanklichen Vorbereitung durch die fast
ausschließliche, mit philosophischer Interpretation
durchsetzte Berufung auf das JohEv von vornherein zu der
schon mehrfach skizzierten Verengung des "theologischen
Blickwinkels", die in der vornizänischen Logoslehre ange=
legt war. Diese Art einseitiger Heranziehung des vierten
Evangeliums wird in der gesamten von mir durchgearbeite=
ten Literatur zur nachneutestamentlichen Christologie mit
nur wenigen Ausnahmen kritiklos hingenommen. Dabei fällt
dadurch eine wichtige Vorentscheidung.

Der Brief des Bischofs Alexander von Alexandrien an seine
Mitbrüder im Bischofsamt, noch vor Konzilsbeginn um 319
geschrieben, steckt gleichsam den Rahmen ab für die spä=
tere Glaubensentscheidung in Nikaia. Es stimmt, wenn z.B.
Küng und Schoonenberg (179) feststellen, daß das Konzil
von Nikaia über die Person des Logos nicht mehr sagen
wollte als der Joh-Prolog. Es fragt sich nur, ob die ni=
zänische Exegese dem Joh-Prolog entspricht. Deshalb seien
in aller Kürze aus dem genannten Brief die von Alexander

zitierten Stellen aus dem JohEv und ihre bezeichnende exe=
getische Auslegung einmal zusammengestellt. Daß Joh in der
epistula Alexandri überwiegend zitiert wird, läßt sich bei
einem kurzen Einblick in die Konzilsakten leicht feststel=
len. (180) Die folgende Darstellung will nicht in die
grundsätzliche Diskussion um die Auseinandersetzung zwi=
schen Alexander und Arius einsteigen, sondern nur die Li=
nie der bisherigen Überlegungen fortführend einige Punkte
beleuchten, denen in Zukunft auch bei der Gegenüberstel=
lung der nizänischen mit der neutestamentlichen Christo=
logie, d.h. von der Exegese in der Gegenwart zu verant=
wortenden, im Unterschied dazu aber in Nikaia nicht
durchgeführten Auslegungen des JohEv, mehr Beachtung ge=
schenkt werden müßte.

Nach einer Einleitung, die dazu aufruft, die Feinde der
Lehre Christi zu bekämpfen, wird die Beweisführung von
Alexander mit der Frage, die an den Anfang des johannei=
schen Prologs anknüpft, eröffnet (181): "Wer, der den
Evangelisten Johannes sagen hört: 'Im Anfang war das Wort'
(Joh 1, 1) wird nicht diejenigen verwerfen (non istos con=
demnaverit), die sagen: 'Es hat eine Zeit gegeben, wo er
nicht war'? Wer wird weiterhin die Worte des Evangeliums
'einziger Sohn Gottes' (Joh 1, 18) und 'durch ihn ist al=
les geschaffen' (Joh 1, 3) hören, ohne die zu verab=
scheuen (istos odio habuerit), die behaupten, der Sohn
sei eins von den Geschöpfen. Wie kann er dem gleich sein,
was durch ihn geschaffen ist? Wie kann er 'einziger Sohn'
sein, den man auf eine   Stufe mit allen anderen Dingen
stellt? ... Sagt er doch selbst: 'Wer mich sieht, sieht
den Vater' (Joh 14, 9) ... Wie kann derjenige dem Wandel
und Wechsel unterworfen sein (quo pacto c o n v e r t i
m u t a r i v e   potest), der von sich selbst sagt: 'Ich
bin im Vater und der Vater ist in mir' (Joh 10, 38) und
'Ich und der Vater sind eins' (Joh 10, 30) ...?"

Für die Exegese der einzelnen Verse sei auf die neutesta=
mentlichen Ausführungen dieser Arbeit verwiesen. (182)
Eine sachliche und nüchterne Betrachtung der Briefstelle
Alexanders, der als Bischof von Alexandrien für die nizä=
nische Orthodoxie steht, muß zu folgendem Ergebnis kom=
men: Fußend auf der mit welchen Akzenten auch immer ver=
sehenen platonisch beeinflußten nachneutestamentlichen
Tradition, wobei die verschiedenen Ausprägungen bei die=
ser grundsätzlichen Bestimmung keine Rolle spielen, geht
in die Auslegungen von Joh 1, 1. 3 der Ewigkeitsbegriff
und Demiurg Platons ein, auch wenn man letzteren bewußt
ausschalten wollte. Es sollte einmal in aller Deutlich=
keit gesagt werden, daß der exegetische Befund nach dem
NT gar nichts anderes zuläßt, als daß der Mensch Jesus
ein Geschöpf ist.

Auch die Heranziehung von Joh 1, 18 (griechisch: μονο-
γενῆς θεός, lateinisch: unigenitus filius) ändert nichts
daran, daß für das JohEv, wie schon mehrfach betont wurde,
nicht die Gottheit Jesu im Vordergrund steht, sondern sei=
ne Menschheit und seine Menschlichkeit, verstanden im be=
sten Sinne des Wortes durch die gelebte Verkündigung der
Offenbarung von Gottes Liebe, zu der Jesus als "Sohn Got=
tes" im alttestamentlichen Sinne gesandt ist. Es ist ver=
ständlich, daß sich das Sohn-Gottes-Prädikat für die nach=
neutestamentliche, später in der Trinitätslehre ausgebaute
Spekulation besonders gut eignet, "familiäre" innergött=
liche Beziehungen sind dem NT jedoch fremd. So sprechen
auch Joh 10, 30. 38 und 14, 9 weder von einer wesensmä=
ßigen Einheit mit Gott noch von einer Unveränderlichkeit.
Daß Alexander das Prädikat der Unwandelbarkeit hervor=
hebt, bestätigt nur die Prägung seiner dargestellten Leh=
re durch Philosophoumena außerchristlicher, nämlich grie=
chischer Provenienz, auch wenn diese inzwischen Lehre der
Kirche geworden sind. Die Gottheit Christi wird zum Kri=
terium der Orthodoxie: "... ecclesia, quae Christi d i =
v i n i t a t e m adorat, illos eiecimus, ut adorationem
quae Christi d e i t a t i debetur, minuentes." (183)

Die sich aus den wenigen vorgetragenen Andeutungen erge=
benden Konsequenzen für die gesamte Dogmengeschichte,
nicht nur für die Christologie der frühen Konzilien, müs=
sen einer detaillierten Einzeluntersuchung zum Konzil von
Nikaia vorbehalten bleiben.

Die Einseitigkeit neutestamentlicher Exegese wird zusätz=
lich verfestigt, indem man in Nikaia ausdrücklich ver=
sucht, die biblische Botschaft philosophisch zu formu=
lieren. Im dogmatischen Begriff des ὁμοούσιος gelangt
ein transzendentes Seinsverständnis zur Herrschaft, das
sich vom ereignishaften Denken der biblischen Sprache
grundlegend unterscheidet, aber bestimmend wird für die
ganze weitere Christologie. Welte veranschaulicht die in
dieser Arbeit bereits wiederholt aufgezeigte neue Frage=
stellung, indem er sagt: Es wird nicht mehr dynamisch
nach dem gefragt, was geschieht, sondern statisch nach
dem, was i s t : Das Ereignis erscheint als Wesen
(οὐσία). (184)

Bei allem Zugeständnis, daß eine andere Begrifflichkeit
nicht zur Verfügung stand und die Konzilsväter weder aus
Freude an theologischer Spekulation oder gar Dogmenent=
wicklung, sondern in erster Linie aus pastoraler Sorge
definiert haben, worauf Küng eindringlich hinweist (185),
und mit dem ὁμοούσιος sicher auch ein Polytheismus abge=
wehrt wurde, bleibt doch zu bezweifeln, ob dieses ὁμοού=
σιος von der ihm zugrunde liegenden Denkstruktur (186) her

und im Kontext des nizänischen Glaubensbekenntnisses be=
trachtet nur auf die Präsenz Gottes in Jesus hinweisen
will, wie es biblischer Botschaft entspricht und wir es
in moderner Begrifflichkeit gerne ausdrücken. (187)

Die Definition von Nikaia, die sich gegen die arianische
Auffassung von der Geschöpflichkeit des Sohnes richtet,
legt die unverkürzte Gottheit des Sohnes fest, der aus
dem Wesen des Vaters geboren und von derselben göttlichen
Beschaffenheit wie er ist: "... τουτέστιν ἐκ τῆς οὐσίας
τοῦ πατρός, Θεὸν ἐκ Θεοῦ... γεννηθέντα οὐ ποιηθέντα,
ὁμοούσιον τῷ πατρί..." (188)

Im Zusammenhang mit dem zitierten Ausschnitt aus dem ni=
zänischen Glaubensbekenntnis unterstreicht eine These
Thüsings das Anliegen der Überlegungen dieser Arbeit:
"Christologisch und soteriologisch entscheidend ist es,
ob die Bedeutung nicht nur des ἐκ τοῦ θεοῦ , sondern vor
allem auch die des εἰς τὸν θεόν für die neutestamentliche
Ausformung des personal-dialogischen Prinzips erkannt
wird." (189) Um die Linie von der nizänischen Christolo=
gie auf die neutestamentliche zurückzuführen, kommt es
auf eine "Vor-gabe vom Gottesverständnis her" an: "Es
kommt darauf an, ob man sich von dem Mißverständnis eines
n u r transzendenten Gottes, der von allem Geschaffenen
grundsätzlich und absolut getrennt gehalten werden muß,
derart lösen kann, wie es die neutestamentliche Erhöhungs=
verkündigung voraussetzt." (190) Gegenüber der Erhöhungs=
christologie des NT legitimiert Nikaia seine Entscheidung
durch eine philosophisch verabsolutierte Praeexistenz=
lehre.

οὐσία, was damals den lateinischen Termini essentia oder
substantia entspricht, ist ein durchaus schillernder Be=
griff. Bisweilen wird οὐσία mit ὑπόστασις verwechselt,
das die Lateiner mit subsistentia oder persona wiederge=
ben. Eine genaue Festlegung der Bedeutung der einzelnen
Begriffe wird erst mit Hilfe der Theologie der Kappado=
kier (μία οὐσία, τρεῖς ὑποστάσεις) erreicht, (191)
braucht aber auch dann noch lange Zeit, um sich in erbit=
terten Kämpfen durchzusetzen.

Für das geforderte neue Verständnis von Dogmenentwick=
lung erhebt sich die Frage, mit welchem Recht Defini=
tionen, um deren Doppelsinnigkeit in ihren theologi=
schen Termini man auf der einen Seite weiß, auf der an=
deren Seite immerwährende Gültigkeit in der Glaubens=
lehre beanspruchen. Wie "offen" ein Begriff sein kann,
wird doch am ὁμοούσιος selbst deutlich, wenn man zur
Kenntnis nimmt, daß Paulus von Samosata, der eine adop=

tianische (!) Christologie vertrat, auf der Synode von
Antiochien (264/68) nicht zuletzt wegen des von ihm ge=
brauchten Ausdruckes ὁμοούσιος verurteilt wurde. Auf die
Problematik des Urteils gegen Paulus von Samosata kann
hier nicht näher eingegangen werden. Die Tatsache aber,
daß ein- und derselbe Begriff in kirchlichen Entschei=
dungen innerhalb von 60 - 70 Jahren verschiedene Sinnzu=
sammenhänge und Sinngebungen zuläßt, eröffnet auch einen
möglichen Ansatz für die Dogmenentwicklung aus heutiger
Sicht bereits für diese Zeit. Was sich innerhalb eines
knappen Jahrhunderts ändern kann, muß sich im Verständnis
der langen folgenden Jahrhunderte kirchlicher Überliefe=
rung erst recht wandeln.

Mögliche päpstliche Flexibilität in diesem Punkt demon=
strierte Papst Liberius in der Mitte des 4. Jahrhunderts.
Als er zur semiarianischen 3. Synode in Sirmium berufen
wurde, glaubte er um der Einigung willen vom W o r t
ὁμοούσιος abgehen zu dürfen, ohne vom Glaubens i n =
h a l t abzuweichen. (192)

Die gleiche Offenheit theologischer Begriffe soll auch
an der Entwicklung, die sich im Gebrauch von persona und
πρόσωπον ablesen läßt, vor Augen geführt werden.

I.   Der Personbegriff (πρόσωπον, persona) und
     seine Verständnisvarianten

Der Personbegriff der altkirchlichen Trinitätslehre und
Christologie ist kein biblischer Terminus. Nur von daher
ist er, mit aller Vorsicht gesagt, dem nizänischen ὁμο=
ούσιος verwandt. Er ist aber ebensowenig identisch mit un=
serem heutigen Verständnis von Person, das nicht so sehr
ontologisch als psychologisch orientiert ist. (1) Um den
Personbegriff der ersten christlichen Jahrhunderte zu ver =
stehen, kommt man nicht umhin, nach seiner Provenienz zu
fragen. Diese ist nicht philosophischer Art, womit der Un=
terschied zum ὁμοούσιος klar bestimmt ist.

1.   Provenienz: Dialogischer biblischer Gottes=
     begriff

a)   Etymologie: Unsicherheit in der Forschung
     bezüglich der ursprünglichen Bedeutung
     "Maske"

Geht man den etymologischen Untersuchungen zu   πρόσωπον
und persona nach, so stellt man fest, daß in der Forschung
immer noch keine Einigkeit darüber besteht, ob sich, ent=
gegen der weitverbreiteten Auffassung, "Maske" als Grund=
bedeutung für πρόσωπον und persona festlegen läßt. (2) Für
den Einfluß des Personbegriffs auf die Dogmatik muß aber
in diesem Zusammenhang festgehalten werden, daß die schon
damals als ursprünglich bezeichnete, aber nicht geklärte
Bedeutung von "Maske" immer wieder synodale Entscheidungen
im Zusammenhang mit Bejahung und Verneinung von πρόσωπον
und persona in Trinitätslehre und Christologie bestimmt.

Als gesichertes Forschungsergebnis gilt dagegen, daß in
der allgemeinen Sprachentwicklung persona eher die Bedeu=
tung von "Person" erhielt als πρόσωπον, das zwar nach sei=
ner Übernahme in die Theatersprache wie persona die Maske,
die Rolle und den Schauspieler bezeichnet, aber eine Über=

tragung auf den Menschen als solchen noch nicht erfahren
hatte. Trotzdem ist bei der später eintretenden Identifi=
zierung auch von πρόσωπον mit "Person" keine Abhängigkeit
durch den Einfluß dieser Wortbedeutung bei persona zu
erkennen. Andererseits ist es zumindest für die Theologie=
geschichte von Bedeutung, daß von Tertullian persona in
der lateinischen Bibelübersetzung der Septuaginta für
πρόσωπον vorgefunden wurde, wie die Ausführungen zum Ge=
brauch der prosographischen Exegese bei Tertullian zeigen
werden.

b) <u>Prosographische Exegese als literarische Interpreta=
tationsform: Verbindung von Zwei- und Dreizahl mit
biblischem Monotheismus</u>

Ratzinger leitet seine Darlegungen zum Personverständnis
in der Dogmatik mit der Feststellung ein, daß der Person=
begriff in der christlichen Theologie entstanden ist aus
der Auseinandersetzung des Philosophierens mit den Vorge=
gebenheiten des Glaubens und insbesondere der Hl. Schrift
im Anschluß an die beiden zusammenhängenden Grundfragen
christlicher Gläubigkeit "Was ist Gott?" und "Wer ist
Christus?" (3) Daraus ergibt sich die Frage nach dem Ur=
sprung des Personbegriffs in der Gotteslehre.

Nach dem Aufsatz von Andresen zur Entstehung und Geschich=
te des trinitarischen Personbegriffs (4), dessen neue
Ergebnisse auch Ratzinger in seine Überlegungen einbe=
zieht, liegt der Ursprung des Personbegriffs in der proso=
graphischen Exegese. Diese ist eine Auslegungsform,
für das Verständnis der gesamten antiken Literatur hilf=
reich ist, um den jeweiligen Sinngehalt der Texte zu
ermitteln. Um das Erzählte dramatisch zu beleben, läßt der
Dichter Personen redend auftreten und schafft damit durch
einen literarischen Kunsttrick Rollen, durch die das fort=
schreitende Geschehen sich als Gespräch abspielt.

Als ein Beispiel aus dem AT sei die bekannte Stelle aus
dem Buch Genesis angeführt: "Lasset u n s den Menschen
machen nach unserem Bild und Gleichnis." (5) Justin ist
der erste, der mit Hilfe der prosographischen Exegese zu
erklären versucht, warum Gott selbst in der Mehrzahl und
mit sich sprechend eingeführt wird. Er glaubt, daß der Ha=
giograph verschiedene πρόσωπα, "Rollen", einführt, die aber
vom Wort Gottes her eine ganz neue Wirklichkeit gewinnen,
d.h. zu dialogischen Realitäten werden. In diesem auf Dia=
log aufbauenden Gedanken liegt der Ansatz für die Idee der
Person begründet. Für diese Denkart, kombiniert mit den

Hauptgedanken von Justins Logoslehre, wie sie früheren
Ausführungen zu entnehmen waren (6), sei ein bezeichnendes,
die Interpretation beider Lehren verbindendes Zitat des
Apologeten angeführt: "Wenn ihr hört, daß die Propheten
Sätze sprechen, als wenn eine Person redet (ὡς ἀπὸ
προσώπου), dann wähnt nicht, daß sie von den Geisterfüll=
ten (= Propheten) unmittelbar gesprochen werden, sondern
von dem sie bewegenden Logos." (7) Über die Rolle hinaus
wird damit auf die Existenz einer Person verwiesen, auf
die Person des für Justin praeexistenten Logos, der mit
der Person Jesu identisch ist und den Justin als zweiten
Gott (8) zu bezeichnen wagt.

Tertullian, der als erster Theologe den Personbegriff
selbst ausdrücklich in seinen Formulierungen in die Trini=
tätslehre und Christologie einführt, greift auf die Tradi=
tion der bereits christlich geprägten prosographischen
Exegese zurück. Im Anschluß an Gn 1, 26 f vollzieht er den
entscheidenden Schritt von der christologischen zur trini=
tarischen Exegese: "Weil ihm (sc. Gott) bereits beigesellt
waren der Sohn, sein Wort, und eine dritte Person, der
Geist in dem Wort, darum sprach er im Plural: Lasset uns
machen..." (9)

Zusammenfassend ergibt sich für die Beziehungen von Per=
sonbegriff, prosographischer Exegese, Trinitätslehre und
Christologie zueinander:

1. Der Personbegriff ist als ein Erfordernis aus der
   Schriftauslegung erwachsen.
2. Der Personbegriff ist aus der Idee des Dialogischen
   erwachsen, d.h. der biblische Gottesbegriff ist auf
   Dialog hingeordnet, oder der Gott des Alten und Neuen
   Testaments steht als Person im Dialog mit seinem Volk.

Diesen beiden Thesen, die sich in etwa mit den Darlegungen
Andresens und Ratzingers decken und deren inhaltlicher Wert
unbestreitbar im Sichtbarmachen des personalen Gottesbe=
griffs liegt, muß im Rahmen unserer Überlegungen eine kri=
tische These hinzugefügt werden, deren Berechtigung die
weiteren Ausführungen dieser Arbeit erweisen sollen:

Aufgrund einer, von Ratzinger selbst zugestandenen, inzwi=
schen ü b e r h o l t e n (10) Einzelexegese wird von
Justin die Zweizahl und von Tertullian die Dreizahl in den
monotheistischen Gottesbegriff der Bibel hineinverlegt.

Hier liegt der Ansatz für die christologische und trinita=
rische Problematik der folgenden Jahrhunderte. Die von der
Exegese zu begründende und immer wieder neu aufgegebene
Frage lautet nämlich in der nachneutestamentlichen Tradi=
tion nicht: In welcher dialogischen Beziehung stehen Gott

und Jesus, der nach seiner Erhöhung als Ausdruck seiner
bleibenden Gegenwart seinen Anhängern göttlichen Geist zu=
spricht, um so in der Kirche aller Zeiten präsent zu sein,
wie Gott in Jesus präsent war? Die Frage lautet: Wie läßt
sich biblischer Monotheismus mit einer Person Gottes, einer
göttlichen Person Jesu und gar einer Person göttlichen Gei=
stes in Einklang bringen?

Wollte man im Sinne der Ausführungen, die diese Arbeit ein=
leiteten und die grundsätzliche Bezogenheit von Exegese und
Dogmatik aufeinander deutlich machten (11), an dieser Stelle
die Konturen scharf zeichnen, so müßte es gestattet sein zu
fragen: Wenn das Trinitätsdogma auf einer überholten Exege=
se beruht, ist es dann nicht selbst auch überholt oder, um
vorsichtiger zu formulieren, zumindest "überholungsbedürf=
tig" und überholbar?

Da im Mittelpunkt dieser Arbeit die Christologie der frühen
Kirche steht und die Trinitätslehre nur insoweit gestreift
wird, als sie unmittelbar den Personbegriff berührt, sei
zunächst die etwas provokative Frage einmal offen stehen
gelassen und nur auf die kurzen in diesem Abschnitt ange=
führten neutestamentlichen Gegebenheiten zum Verhältnis
Gottes mit Jesus und dem Geist beider zurückverwiesen.

Dagegen sei in einem kurzen Exkurs auf einen neueren trini=
tarischen Entwurf aufmerksam gemacht und kritisch in un=
sere Überlegungen einbezogen.

Schoonenberg hat im Anschluß an eine von ihm verfaßte chri=
stologische Studie (12), auf die noch später zurückzukom=
men sein wird, thesenhaft die Gedanken einer in Vorberei=
tung befindlichen Schrift zur Trinitätslehre veröffentlicht
und der Diskussion aufgegeben. (13)

Den ausschließlich auf die Trinitätslehre bezogenen The=
sen 5 und 6 kann man weder auf der Grundlage der ver=
schiedenen geistesgeschichtlichen Traditionen, in denen
sich die Aussagen der Bibel und Dogmatik unterscheiden (14)
noch auf dem Hintergrund der soeben vorgenommenen Analyse
der Bedeutung der prosographischen Exegese für die Trini=
tätslehre zustimmen.

These 5: "Der Unterschied zwischen der 'ökonomischen' oder
heilgeschichtlichen und der'immanenten'oder innergöttlichen
(und deshalb in bezug auf uns transzendenten) Trinität ist
nur ein Unterschied zwischen Aspekten derselben Wirklich=
keit. Die ökonomische Trinität ist die immanente Trinität
und umgekehrt."

These 6: "Die ökonomische Trinität i s t die immanente
Trinität, denn nicht weniger als Gott selbst ist als Logos

in Jesus Christus und als Heiliger Geist in uns anwesend.
In der Heilsgeschichte ist Gott s e l b s t dreieinig."

Diese beiden Thesen werden von der folgenden These 7
selbst in Frage gestellt.

These 7: "Umgekehrt ist die immanente Trinität die ökonomi=
sche Trinität. Sie ist uns nur als ökonomische Trinität zu=
gänglich. Daß Gott auch abgesehen von seiner heilsge=
schichtlichen Selbstmitteilung trinitarisch ist, darf weder
als selbstverständlich vorausgesetzt noch auch verneint
werden."

Wenn die "Trinität" außerhalb der heilsgeschichtlichen Be=
trachtung nicht als selbstverständlich vorausgesetzt wer=
den kann, ist auch die immanente Trinität nicht ohne wei=
teres mit der ökonomischen identisch. Zu fragen bleibt
auch, inwiefern "Gott s e l b s t " in der Heilsgeschichte
dreieinig ist (These 6).

Schoonenberg unternimmt den berechtigten Versuch, auch in
der Trinitätslehre das biblische Denken in den Vordergrund
zu stellen. Nur kommt es nicht zu der intendierten Prae=
ferenz heilsgeschichtlicher Kategorien, sondern nur zu
einem "sowohl - als auch" biblischer und dogmatischer Drei=
faltigkeitslehre.

These 11: "Der Vater muß auch in der trinitarischen Theolo=
gie nicht nur als 'erste Person' oder als Ursprung und
Quelle der Gottheit gesehen werden, sondern auch und zuerst
als unser Vater in Christus. Die heilsökonomische Vater=
schaft ist die innergöttliche Vaterschaft - und umgekehrt."

These 12: "Der Sohn ist nicht nur innergöttlich, sondern
auch und zuerst als der Mensch Jesus Christus zu verstehen.
Der Logos ist nicht nur innergöttliches Wort (er wird in
der Schrift niemals als innergöttliche Antwort dargestellt),
sondern auch und zuerst offenbarendes und lebenspendendes
Wort in der Heilsgeschichte, das in Jesus Christus Fleisch
und gänzlich Mensch geworden ist. Die heilsökonomische
Sohnschaft ist die innergöttliche Sohnschaft - und umge=
kehrt."

So sehr Schoonenbergs Interpretationen biblischer Aussagen
zu unterstreichen sind, so klingt doch zumindest in seinen
Formulierungen von innergöttlicher Vaterschaft und Sohn=
schaft das dogmatische Vorverständnis an.

Offenbaren sich uns die Mitteilungen oder Sendungen des
Sohnes tatsächlich als "innergöttliche Hervorgänge", ver=
standen als "processiones"? Insbesondere bei diesen Ter=
mini darf ihre begriffs- und ideengeschichtliche Bedeutung

nicht unterschätzt werden. Wie stark die neuplatonische Emanationsspekulation mit ihren Verschiebungen gegenüber heilsgeschichtlichem Denken gerade auf die Exponenten alt= kirchlicher Trinitätslehre, die Kappadokier, gewirkt hat, ist bekannt.

Nicht alle 35 Thesen Schoonenbergs können vorgestellt wer= den. Im Rahmen unserer Untersuchungen muß die Absicht des Autors, das personale Moment im Gottesbegriff sichtbar zu machen, nachdrücklich unterstützt werden sowohl im Hin= blick auf den Dialog Gottes mit Jesus als auch beider mit uns.

These 23: "Gott in sich kann nicht als drei Personen nach der heutigen Bedeutung dieses Wortes bezeichnet werden. Denn drei Subjekte göttlichen Bewußtseins und göttlicher Freiheit bedeuten drei Götter. Das wird auch nicht dadurch ausgeschlossen, daß man die göttlichen Personen in einem Ich-Du-Verhältnis betrachtet und ihre gegenseitige Hinga= be aneinander betont. Denn in diesem Verhältnis und dieser Hingabe bleiben gerade die Subjekte als solche voneinander verschieden und einander entgegengesetzt."

Diese These kann vorbehaltlos bejaht werden. Nur erfährt sie leider in der folgenden These eine teilweise Aufhe= bung.

These 24: "Es bleibt aber, daß Jesus Christus und der Va= ter sich personal gegenüberstehen und daß der Heilige Geist in uns zum Vater betet und zum Sohn ruft und ihnen also auch personal gegenübersteht. Vater, Sohn und Geist stehen sich also nach der Schrift i n der Heilsgeschich= te als Personen gegenüber. Aus These 23 folgt, daß dies auch nur d u r c h die Heilsgeschichte möglich ist. Die immanente Trinität ist eine Trinität der Personen dadurch, daß sie ökonomische Trinität ist."

Der Geist Gottes kann dem Vater und dem Sohn nicht p e r = s o n a l gegenüberstehen. Diese Vorstellung war bisher in der Dogmatik möglich, der Heilsgeschichte ist sie fremd.

These 28:"Wahr ist also die modalistische Trinitätslehre, insoweit sie sich auf das innergöttliche Sein bezieht. Wahr ist die personalistische Trinitätslehre, insofern sie sich auf Gott in der Heilsökonomie bezieht. Gott ist öko= nomisch dreipersöhnlich, immanent hat er drei Weisen sei= nes Seins, die sich durch die Heilsgeschichte als drei Personen verhalten, zu uns und auch zueinander."

Auch die Einführung des Seinsbegriffs bringt keine Klä= rung. Sie verdeutlicht nur, wie sich mit der Hereinnahme der griechischen Seinslehre die nachneutestamentliche

Christologie und Trinitätslehre von heilsgeschichtlichem
Denken entfernte.

Wenn Ratzinger ein Ergebnis der spekulativen Durchdringung
der Hl. Schrift darin sieht, daß das Phaenomen der reinen
Relativität als Wesen von Personen deutlich herausgestellt
ist (vgl. Schoonenberg, These 10), so trifft das sicher
mit den beiden Grundmotiven johanneischer Theologie, dem
Gedanken der Sendung und dem Begriff des Wortes zusam=
men. (15) Einer kritischen Befragung der Begriffe bleibt
aber als Aufgabe zu untersuchen gestellt, ob die Termini
von πρόσωπον und persona tatsächlich mit "relatio"
deckungsgleich sind und, selbst wenn dies am Anfang einer
sich entwickelnden Trinitätslehre der Fall war, diese
Sicht auch die nachfolgenden Spekulationen und die De=
finition des Dogmas kennzeichnet.

2. Dreipersönlichkeit des einen und ewigen Gottes: Tertullian

Der Begriff der trinitas, der im Griechischen bei Theophi=
lus von Antiochien seine Parallele im Terminus der τρίας
hat, wird von Tertullian neu geschaffen. (16) Die Dreiper=
sönlichkeit des einen und ewigen Gottes, die das Wort tri=
nitas vermitteln soll, weil sie für Tertullian unbedingte
Voraussetzung seiner Theologie ist (17), entspricht dem
Begriffsrealismus des lateinischen Denkens (18), der seit
Tertullian in die westliche Tradition eingeht. Zum Verbal=
realismus Tertullians sei ein Zitat aus Novatians Schrift
"De trinitate" angeführt: "Id enim nomine continetur,
quidquid etiam ex naturae suae conditione comprehenditur.
Nomen enim significantia est eius rei, quae comprehendi
potuit ex nomine." (19) Außer dem auffälligen Begriffs=
realismus läßt sich bei Tertullian in seinen sprachlichen
Neuschöpfungen überhaupt eine Neigung zu personifizieren
feststellen (20), womit eine grundsätzliche Basis für die
Aufnahme des Personbegriffs, abgesehen von der prosogra=
phischen Exegese, geschaffen ist.

Tertullians Schrift "Adversus Praxean", die als die jüng=
ste seiner antihaeretischen Schriften gilt (21) und in der
das Wort trinitas zur Bezeichnung des Personenunterschie=
des in Gott zum ersten Mal gebraucht wird, ist gegen den
patripassianischen Monarchianismus allgemein und insbeson=
dere gegen dessen Vertreter Praxeas geschrieben. Praxeas,
der Kleinasiate war und später nach Rom und Kartago kam,
lehrte wie alle Monarchianer, daß Gott nur dann einer sein
könne, wenn Vater, Sohn und Geist identisch sind. In Aus=
einandersetzung mit dieser Lehre wird "Adversus Praxean"

42

zum ersten lateinischen Traktat über die Dreifaltigkeit.

Das Verhältnis von Dreizahl und Monotheismus braucht in
seiner Abstraktion hier nicht weiter diskutiert zu werden.
Als selbstverständlich wird auch vorausgesetzt, daß Ter=
tullian nicht, beeinflußt durch unser modernes Verständ=
nis von Personen, ein Tritheismus unterschoben werden soll.
Dennoch bleibt als Tatsache bestehen, daß Tertullian zwar
mit Hilfe der (überholten) prosographischen Exegese seine
Trinitätslehre von der Schrift her legitimiert hat, diese
"Rollen" (πρόσωπα) aber nicht wie bei den profanen antiken
Dichtern fiktiv bleiben, sondern durch Identifikation mit
Gottvater, Sohn und Geist zu realen Personen werden, auch
wenn man dieses Personenverständnis mit einmaligen Rela=
tionen zu umschreiben sucht. Über die Personalität Gottes
und Jesu hinaus läßt Tertullian keinen Zweifel an der Per=
sonhaftigkeitdes Geistes, die sich für ihn aus der Be=
zeichnung als Paraklet ergibt. Als solcher ist er auch
Gott. (22) In Tertullians systematischen Überlegungen geht
es eindeutig darum, die Verschiedenheit und Einheit der
einzelnen Personen im dreifaltigen Gott zu bestimmen. Für
die Verschiedenheit wird der Terminus persona eingeführt,
für die Einheit der Begriff der Substanz in die Spekula=
tionen einbezogen. So stehen sich in Tertullians trinita=
rischem Gottesbegriff Person und Substanz als zwei Ebenen
gegenüber. (23)

Einen konkreten Anknüpfungspunkt für seine Trinitätslehre
fand Tertullian in der Taufliturgie. Die Taufformel im An=
schluß an den Taufbefehl Jesu "auf den Namen des Vaters
und des Sohnes und des hl. Geistes" (24) erfährt durch den
Personbegriff ihre bezeichnende Umformung: "Nam nec semel
sed ter ad singula nomina i n p e r s o n a s s i n =
g u l a s tinguimur." (25) Die triadischen Formeln des
NT beinhalten jedoch keine Personifizierung, sondern zie=
len auf eine heilsgeschichtliche (ökonomische) Einheit von
Vater, Sohn und Geist (25) in der Zuwendung zum Menschen
gerade am Beginn seines Glaubenslebens in der Taufe. Da=
bei geht es um wirkliche p e r s o n a l e Begegnung,
aber nicht um eine innergöttliche (immanente) wesensmäßi=
ge Dreieinigkeit an sich in ihrer Ausfaltung zu drei Per=
sonen: "Quae unitatem in trinitatem disponit." (27)

Im gleichen Abschnitt wird die Einheit der Substanz noch
einmal betont: "unius autem substantiae ..." (28) In einer
späteren Schrift "De pudicitia" faßt Tertullian die Ver=
bindung von Einheit und Dreiheit im Gottesgedanken inner=
halb ekklesiologischer Betrachtungen noch einmal zusam=
men: "... trinitas unius divinitatis, pater et filius et
spiritus sanctus." (29) Der Begriff der Substanz, der bei
aller Frontstellung Tertullians gegen die Philosophie (30)
ein philosophischer Terminus ist, macht die Wirklichkeit

eines Dinges aus: "substantia corpus (!) sit rei cuius=
que" (31). Durch den Einfluß der Stoa, die, bedingt durch
die zugrunde liegende materialistische Konzeption ihres
philosophischen Systems, Substanz nicht immateriell den=
ken kann, wird von Tertullian durch die Übernahme des
Substanzbegriffs eine gewisse Körperlichkeit in den Got=
tesgedanken hineingetragen. (32)

Im Hinblick auf die weitere Tradierung sowohl des trini=
tarischen Substanz- als auch Personbegriffs in der Theo=
logie nach Tertullian gilt, daß Tertullians neu geschaf=
fene Formel "una substantia - tres personae" von Anfang
an nicht ohne Problematik ist.

3. Persona und πρόσωπον in synodalen Entscheidungen
    des 4. Jahrhunderts: Aufnahme, Ablehnung und Wieder=
    aufnahme der gleichen Begriffe

    a) Kein Tritheismus: Synode von Antiochien 344

Innerhalb der neuen Glaubensformel, wegen ihrer Länge
μακρόστιχος genannt (33), versucht die Antiochenische
Synode der Vorstellung zu begegnen, daß die Aussage von
drei Personen in Gott einen Glauben an drei Götter im=
pliziere. Dabei muß kritisch angemerkt werden, daß die
Formulierung von drei Personen als schriftgemäß interpre=
tiert wird: "Nec tamen quia tres res, et t r e s p e r =
s o n a s (τρία πρόσωπα) Patris et filii et Spiritus
sancti secundum scripturas confitemur, tres idcirco deos
facimus. " (34)

    b) Verdacht des Modalismus: Erste Synode von
        Sirmium 351

Die Synode setzte Photinus, vermutlich ein Schüler des
Marcellus von Ancyra, wegen seiner sabellianischen und
samosatenischen Irrlehren ab und publizierte zugleich ein
etwas unbestimmt gehaltenes Symbolum, das zusammen mit 27
Anathematismen die erste sirmische Formel genannt
wird. (35) Im Anschluß an den Monarchianer Sabellius hat=
te Photin behauptet, Vater und Sohn seien in Wirklichkeit
nur Modalitäten, denen kein realer Unterschied ent=

44

spreche. (35) Diese Sicht des Sabellius ist in der jüng=
sten Forschung wieder umstritten, weil man oft die nöti=
ge Kritik gegenüber dem Quellenbefund vermißte und es
deshalb fraglich ist, ob die von Hippolyt verbreitete po=
lemische Darstellung des Papstes Callistus, der Sabellius
exkommuniziert hatte, wenigstens darin dogmengeschichtlich
verwertbar ist, daß Sabellius für seinen Gottesbegriff die
Formel ἓν πρόσωπον geprägt hat. Andresen möchte daher auf=
grund der Überlieferungsprobleme nur insoweit vorsichtig
formulieren, daß die spätere Sabelliustradition nur dann
verständlich ist, wenn in der sabellianischen Trinitäts=
lehre der Prosoponbegriff irgendeine Rolle gespielt
hat. (37)

Für unseren Zusammenhang ist entscheidend, daß die Begrif=
fe von πρόσωπον und persona, weil sie aus der Theaterspra=
che entlehnt und deshalb mit der Bedeutung von "Maske",
die meist auch als ursprünglich galt, belastet sind, in
der Trinitätslehre in den Verdacht geraten, daß aufgrund
dieser Ausdrucksweise Vater, Sohn und Geist nur verschie=
dene Rollen, "Masken" oder Modi desselben Gottes seien.
Deshalb wendet sich das 18. Anathem der semiarianischen
Synode gegen die Auffassung, daß die Trinität mit ἓν
πρόσωπον zu umschreiben sei: "Si quis Patrem et Filium et
Spiritum sanctum, u n a m p e r s o n a m esse dicat
anathema esto." (38)

c) <u>Modernes Personverständnis in der Christologie:</u>
   <u>Zweite Synode von Sirmium 357 (39)</u>

In die Betrachtungen zur Trinitätslehre sei der Chronolo=
gie folgend ein christologischer Einschub, den Personbe=
griff betreffend, gestattet. Gegen den Subordinatianismus
der Arianer mit Berufung auf Joh 14, 28: "der Vater ist
größer als ich" ist von der exegetischen Auslegung her
sicher nichts einzuwenden, zumal er mit dem Gedanken der
Sendung von Gott verbunden ist: "Qui m i s i t me Pa=
ter, maior me est: hoc ipsum catholicum est, et nemo ig=
norat d u a s esse p e r s o n a s Patris et Filii,
ac proinde Patrem maiorem; Filium vero Patri cum omnibus,
quae illi Pater subiecit, subiectum esse..." (40) Die Be=
zeichnung des Vaters und des Sohnes, also Gottes und Je=
su, mit "Person" läßt sich in diesem Zusammenhang mit un=
serem modernen Verständnis von Person durchaus vereinba=
ren.

d) Vermeidung von πρόσωπον und persona zugunsten des nizänischen Glaubens: Synode von Alexan= drien 362

πρόσωπον und persona werden in die Diskussion um οὐσία und ὑπόστασις einbezogen. Die bereits besprochene Unbe = stimmtheit der beiden letztgenannten Begriffe (41) kommt offen zum Ausbruch. Hefele erläutert dazu, daß die Grie= chen das Wort ὑπόστασις meist in einem der alten Graezi= tät fremden Sinne gebrauchten, um die Personen in der Gottheit damit zu bezeichnen. Viele Lateiner dagegen und auch manche Griechen waren der Ansicht, οὐσία und ὑπόστα= σις seien eigentlich identisch, so daß dann diejenigen, die nur von e i n e r Hypostase in Gott sprachen, in den Verdacht des Monarchianismus gerieten. Hier wird der lateinische Terminus persona eingereiht, weil er mit dem sabellianischen πρόσωπον identisch gesetzt wird. (42)

Im Hinblick auf die spätere Dogmengeschichte wird dann eine einschneidende Entscheidung getroffen: Alle angeführ= ten Termini sollen vermieden und statt dessen der nizäni= sche Glaube vorgezogen werden, weil er genüge: "...melio= rem et exactiorem esse eam fidem, quae Nicaeae a Patribus exposita esset, et in posterum s u f f i c e r e   d e = b e r e , ut eius fidei vocabula potius usurpentur." (43)

e) Wiedereinführung von πρόσωπον und persona in die orthodoxe Trinitätslehre: Römische Syno= den unter Papst Damasus

Die erste Synode in Rom (44) unter Pp.Damasus demonstriert, daß wenigstens damals synodale Entscheidungen noch nicht als unwiderruflich galten. Der Personbegriff wird trotz seiner Ablehnung auf der alexandrinischen Synode wieder als orthodox in die Trinitätslehre eingeführt. Die Konti= nuität in der Lehre der westlichen Kirche kommt in der Tatsache zum Ausdruck, daß wie bei Tertullian Vater, Sohn und Geist eine "Substanz" zugesprochen wird (45): "ut Patrem, Filium, Spiritumque sanctum unius deitatis, unius virtutis, unius figurae, u n i u s   credere oportet s u b s t a n t i a e ;" ..."ita ut inseparabilem potestatem t r e s   tamen asseramus esse   p e r s o n a s ."(46) Da= bei wurden offenbar in einer rhetorischen Frage οὐσία und substantia gleichgesetzt: "... unius u s i a e   dicimus divinitatem?" (47)

46

Diese Person- und Substanzbegriff betreffenden Glaubens=
aussagen werden auf der 3. und 4. römischen Synode unter
Pp.Damasus noch einmal bekräftigt, bzw. die gegenteilige
Auffassung mit dem Anathem belegt (48): "Si quis non di=
xerit t r e s p e r s o n a s v e r a s , Patris et
Filii et Spiritus sancti a e q u a l e s ... anathema
sit." (49) "Si quis non dixerit, Spiritum sanctum de Pa=
tre esse vere ac proprie, sicut et filium de d i v i n a
s u b s t a n t i a , et Deum Dei Verbum, anathema
sit. " (50) Für die Christologie bleibt nur anzumerken,
daß in diesem Anathema Jesus als das Wort Gottes aus=
drücklich Gott genannt wird.

4. Kritische Anmerkungen zum Personbegriff in der Trini=
   tätslehre: Sprachenentwicklung und terminologische
   Offenheit

   a) Wechselhafter Gebrauch des trinitarischen Per=
      sonbegriffs: Berechtigung der Dogmenentwick=
      lung

Die aufgeführten synodalen Entscheidungen zum trinitari=
schen Personbegriff haben eindeutig vor Augen geführt,
wie sehr auch die theologische Begriffssprache von der
Vielschichtigkeit eines Wortes, seines Wandels in der
Wortbedeutung und seiner Beziehung zu anderen ähnlich ge=
lagerten Termini abhängig ist. Die gleichen Begriffe,
nämlich die tres personae in der una substantia der tri=
nitas, haben, nicht nur wie der Terminus ὁμοούσιος, der
innerhalb von 60 - 70 Jahren verurteilt und wieder einge=
führt worden war, sogar in einem Zeitraum von knapp 20
Jahren, der die Synode von Alexandrien von den Dama=
sus-Synoden trennt, Ablehnung und Zustimmung erfahren.
Das bedeutet: Wer zu der Auffassung, die zuvor auf der
alexandrinischen Synode abgewiesen wurde, jetzt aber mit
päpstlicher Zustimmung als anerkannte Glaubensaussage
gilt, im Gegensatzt steht, wird anathematisiert.

Eine kirchenamtliche Definition bezüglich der in der Tri=
nitätslehre verwendeten Begriffe πρόσωπον, persona, ὑπό =
στασις, οὐσία und substantia gibt es ebensowenig wie eine
solche über eventuelle Unterschiede zwischen persona und
ὑπόστασις. (51) Das den Damasus-Synoden zeitlich am näch=
sten gelegene Konzil von Konstantinopel enthält in seinem
Glaubensbekenntnis lediglich den Zusatz über den Hl.Geist,

der aus dem Vater hervorgeht und mit dem Vater und dem
Sohne angebetet und verherrlicht wird. (52)

Für die Dogmenentwicklung, die ja den Bezugspunkt für alle
bisher durchgeführten Einzelanalysen bildet und auch wei=
terhin bilden wird, soll im Hinblick auf die künftige Dog=
matik allgemein als auch für trinitätstheologische Über=
legungen besonders die Tatsache fruchtbar gemacht werden,
daß sich auch am wechselhaften Gebrauch des trinitari=
schen Personbegriffs in der altkirchlichen Verkündigung
des 4. Jahrhunderts ablesen läßt, in welchem Maße theolo=
gische Definitionen zeitbedingt sind und in ihren Formu=
lierungen wie nicht einmal für einen überschaubaren Zeit=
raum so erst recht nicht für alle Zeiten absolut verbind=
lich sein können. Theo-logie, die sich mit der Verkündi=
gung von Gottes Wort im Menschenwort auseinandersetzt,
kann an der Sprachgeschichte dieser Wörter nicht vorbei=
sehen, sondern muß die durch die Sprachentwicklung mit=
gegebene Offenheit auch für Glaubensaussagen akzeptieren,
zumal man sich, vom heutigen und vor allem auch vom
strengen dogmatischen Standpunkt aus betrachtet, damals
mit verblüffender Leichtigkeit sehr schnell von dem in
Alexandrien aufgestellten Grundsatz gelöst hat, daß der
nizänische Glaube genüge. Wie die Verkündigungssitua=
tion in den Gemeinden rund 50 Jahre nach Nikaia neue For=
mulierungen erforderte, so muß für jede Zeit der Glaube
in immer wieder neuen sprachlichen Formen ausgesagt wer=
den.

b) Personen in Gott als substantiale Relationen:
    Augustinus

Es ist kein Anliegen dieser Arbeit, in die Spekulation um
die Trinitätslehre allgemein einzutreten. Augustinus soll
an dieser Stelle nur einbezogen werden, weil er bei sei=
ner Behandlung des trinitarischen Personbegriffs auf sei=
ne Weise versucht, den skizzierten "formalen" und inhalt=
lichen Gedanken des vorangegangenen Kapitels Rechnung zu
tragen. Deshalb braucht man nicht ausführlich zu disku=
tieren, daß entgegen der Auffassung Augustins die Drei=
persönlichkeit Gottes und die Einheit seines Wesens sich,
wie bereits aufgezeigt (53), nicht der Schrift entnehmen
lassen, während sie für Augustinus unerschütterlich fest=
stehen: "Die Wahrheit würde nicht sagen: Gehet hin und
taufet alle Völker im Namen des Vaters und des Sohnes und
des hl. Geistes (Mt 28, 19), wenn es keine Trinität gä=
be." (54)

48

Die bei Tertullian vielfach verfrüht eingesetzte Interpre=
tation von persona mit "Relation" trifft erst für Augusti=
nus zu. Er betrachtet die Personen in Gott als substantia=
le Relationen: "Diximus alibi, ea dici proprie in illa
Trinitate a d s i n g u l a s p e r s o n a s perti=
nentia, quae r e l a t i v e dicuntur ad invicem, sicut
Pater et Filius et utriusque Donum, Spiritus sanctus." (55)

Bei dieser Bestimmung des Personbegriffs muß beachtet wer=
den, daß Augustinus nicht wie die ältere Theologie vom Va=
ter ausgeht, sondern von der einen göttlichen essentia,
für die drei Personen, auch der Vater, in etwa nachträg=
liche Bestimmungen sind. Wird die göttliche Natur in Be=
zug auf sich selbst und ausschließlich als Natur betrach=
tet, ist sie essentia, insofern sie in anderen ist, per=
sona. (56) Dahl kommt in seiner Studie zu Augustin und
Plotin zu der interessanten Feststellung, daß die augu=
stinische Dreieinigkeitslehre als Lehre von einer abso=
luten Substanz neuplatonische Grundzüge aufweist, die
letzten Endes auf dem Seinsbegriff des Parmenides be=
ruhen! (57) Das neuplatonische Einheitsdenken, das auch
noch Augustins Spätwerk prägt, ließ sich gut mit dem
biblischen Monotheismus verbinden. Mit der Bezeichnung
der Personen als Relationen in Gott will Augustinus jeg=
lichem Tritheismus vorbeugen: "Omnes ... secundum Scrip=
turas docere, quod Pater et Filius et Spiritus sanctus
u n i u s eiusdemque s u b s t a n t i a e inseparabi=
li aequalitate divinam insinuent u n i t a t e m , ideo=
que n o n sint t r e s d i i sed u n u s De=
us." (58)

Während sich Augustinus i n h a l t l i c h mit der
kirchlichen Lehre im Einklang befindet, steht er deren
F o r m u l i e r u n g e n reserviert gegenüber, auch
wenn er sich dem inzwischen anerkannten Sprachgebrauch
beugt. (59) Er würde statt der Formel "una substantia -
tres personae", von der er weiß, daß sie von Tertullian
stammt, den er durch Vermittlung Cyprians kennenlern=
te (60), die μία οὐσία und τρεῖς ὑποστάσεις der Kappa=
dokier lieber im Sinne der obigen Ausführungen mit
"una e s s e n t i a - tres s u b s t a n t i a e "
wiedergeben, da er glaubt, daß substantia die richtige
Übersetzung von ὑπόστασις sei. (61) Abgesehen von Augu=
stins umstrittenen Griechischkenntnissen (62), die hier
nicht weiter ins Gewicht fallen dürfen, weil die älteren
lateinischen Schriftsteller essentia noch nicht kannten,
der Terminus aber zu Augustins Zeit fest eingebürgert
war (63), zeigen die Überlegungen Augustins, die die Be=
trachtungen über den trinitarischen Personbegriff ab=
schließen sollen, wie unbestimmt der Sprachgebrauch
auch noch in dieser Zeit ist.

II. Der Personbegriff in der westlichen Christologie

Auf der Behandlung der lateinischen Tradition bei der
Analyse des christologischen Personbegriffs wird der
Schwerpunkt der folgenden Ausführungen liegen. Vielleicht
ergibt sich dadurch in bescheidenem Ausmaß eine Ergänzung
zu Grillmeiers Abhandlung der theologischen und sprachli=
chen Vorbereitung der christologischen Formel von Chalke=
don, in der er sich mit Absicht fast ausschließlich auf
den Bereich der griechischen Überlieferung beschränkt.
Mit diesem Beitrag würde damit zugleich Grillmeiers be=
rechtigter Forderung nach mehr Einzelarbeit auf diesem
Gebiet entsprochen, um die Gesamtschau zu vervollstän=
digen. (64)

Die Betrachtung der Christologie des Ignatius von Antio=
chien als erstem Vertreter der unmittelbar nachneutesta=
mentlichen Theologie hatte ergeben, daß beeinflußt durch
die statische Seinsphilosophie des Parmenides und durch
die zusätzliche Interpretation der messianischen Titel
der hl. Schrift "Menschensohn" = Mensch und "Gottessohn" =
Gott die Dynamik biblischen Denkens verlorengeht und die
Priorität der Menschheit Jesu als vornehmlicher "Ort" der
Offenbarung Gottes in der Wertung zurücktritt hinter ein
Logoswesen, das, aus göttlicher Späre kommend, sich in der
Welt inkarnierte. Die Verlagerung zugunsten der göttlichen
Person, die mit der $\vartheta\varepsilon\delta\varsigma$ - Prädikation bei Ignatius begon=
nen hatte, setzt sich bei Justin durch die Verknüpfung der
johanneischen mit der griechischen Logoslehre fort: der
göttliche Logos wird zum zweiten Gott.

1. Früher Vorläufer der christologischen Formel von Chalkedon: Tertullian

Die kurz umrissene christologische Tradition von knapp
zwei Jahrhunderten nachneutestamentlicher Theologie liegt
Tertullian vor. Mit ihr ist für den Apologeten eine Zwei=
teilung in der Person Jesus vorgegeben, wobei der Akzent
eindeutig auf der göttlichen "Hälfte" liegt, was sich mit
der Sicht der Christologie "von oben" inhaltlich deckt.
Es ist ein großes, nicht zu unterschätzendes Verdienst
Tertullians, durch seine Einführung des Personbegriffs
auch in die Christologie eine Personeinheit geschaffen
und dadurch verhindert zu haben, daß die göttliche und
menschliche Seite Jesu total auseinanderfallen. (65)

Das schließt nicht aus, daß Tertullian der Tendenz seiner

Zeit entsprechend den göttlichen Sohn als das eigentliche
Subjekt des menschlichen Lebens und Schicksals Jesu be=
trachtet (66): Wie Gott duldet geboren zu werden (nasci se
d e u s patitur) (67), so ist auch der Sohn Gottes gestor=
ben (Filium Dei mortuum dici) (68). Die von Ignatius vor=
genommene Uminterpretation des alttestamentlichen Gottes-
Sohn-Titels ist bei Tertullian bereits endgültig vollzogen
und ausdrücklich entgegen dem tatsächlichen biblischen Be=
fund von der Schrift her legitimiert (et hoc quia ita
scriptum est) (69).

Daraus ergibt sich, daß Tertullian auch weiterhin an der
Zweiteilung in Jesus festhält und in ihm zwei "Substanzen"
unterscheidet. Unter Voraussetzung einer biologisch ver=
standenen Jungfrauengeburt nimmt Jesus als Gottessohn an
der Geistsubstanz seines Vaters teil und als Kind Mariens
an der Menschensubstanz. (70) Der Kampf gegen die Gnosis
und deren Hauptvertreter Marcion bewahrt Tertullian aller=
dings davor, die wahre Menschheit Jesu zu leugnen. (71)
Als Zeichen echter Menschlichkeit hebt er die Schwächen
Jesu durchaus hervor. Aber diese Menschheit kam zustande
durch eine Menschwerdung Gottes selbst. Hier ist der gei=
stesgeschichtliche Ort für diesen alle folgenden Jahrhun=
derte prägenden Terminus. Da eine Unveränderlichkeit Got=
tes erst in Nikaia anathematisiert wird, kann Tertullian
diese Menschwerdung noch mit einer Verwandlung Gottes
gleichsetzen. Diese bedeutet für ihn kein Gegensatz zur
Göttlichkeit, da Gott grundsätzlich anders ist (nihil deo
par est - natura eius ab omnium rerum condicione di=
stat) (72) und sich deshalb in alle Dinge verwandeln und
zugleich bleiben kann, wie er ist (id est ut deus et om=
nia converti possit et qualis est perseverare) (73). Um
sich gegen eine Vermischung der beiden Substanzen in Je=
sus auszusprechen, werden auf vermeintlich biblischer
Grundlage Gottes- und Menschensohn wieder mit Gott und
Mensch identifiziert; beide sind in ihren Eigenschaften
verschieden (certe usquequaque Filium Dei et Filium homi=
nis, cum Deum et hominem sine dubio secundum u t r a m =
q u e s u b s t a n t i a m in sua proprietate distan=
tem, quia neque sermo aliud quam Deus neque caro aliud
quam homo) (74).

"Wir sehen eine z w e i f a c h e S e i n s w e i s e ,
n i c h t v e r m i s c h t , a b e r i n d e r
e i n e n PERSON v e r b u n d e n , G o t t u n d
M e n s c h J e s u s ... Und das Eigene einer jeden
d e r b e i d e n S u b s t a n z e n ist so unangeta=
stet, daß in ihm der Geist das Seine gewirkt hat, Macht=
taten und Wundertaten und Zeichen, und auch das Fleisch
das Seine gelitten hat, hungernd, durstig, weinend, zu
Tode geängstigt und schließlich gestorben."

Wir greifen damit in Tertullians christologischer Haupt=
schrift "Adversus Praxean" (75) die für die nachfolgende
Dogmengeschichte so bedeutende Formel : " Videmus DUPLI=
CEM STATUM, NON CONFUSUM SED CONIUNCTUM I N   U N A
P E R S O N A , DEUM ET HOMINEM IESUM... et adeo SALVA
EST   U T R I U S Q U E   PROPRIETAS   S U B S T A N T I A E
ut et Spiritus res suas egerit in illo, id est virtutes
et opera et signa, et caro passiones suas functa sit,
esuriens..., sitiens..., flens..., anxia usque ad mortem,
denique et mortua." (76)

Die Verlegung des eigentlichen Subjekts des menschlichen
Lebens Jesu in den göttlichen Sohn kommt der Auffassung
entgegen, daß Tertullian mit der "una persona" keineswegs
die Subjektsidentität ausdrücken wollte. (77) Eine dies=
bezüglich klare Entscheidung läßt sich schwer fällen, da
in eine solche Beurteilung ungewollt die psychologische
Interpretation des modernen Personbegriffs eingeht. In
jedem Falle hat Tertullian einen Göttliches und Menschli=
ches in Jesus zusammenfassenden christologischen Begriff
geschaffen und damit Ausdrucksmöglichkeiten in die Chri=
stologie eingeführt, auf die man später zurückgreift. In
erster Linie sind das die Termini inconfusus, una persona,
deus et homo, salva utriusque proprietas substantiae, wo=
bei sich in der Glaubensdefinition von Chalkedon geringe
Abweichungen ergeben. Besonders auffällig ist allerdings
bei der Untersuchung der christologischen Entwicklung von
Tertullian bis Chalkedon, soweit sie den Personbegriff be=
trifft, daß Tertullians Formulierungen sich keineswegs so=
fort durchgesetzt haben. Nun mag das mit seiner späteren
Zugehörigkeit zu den Montanisten zusammenhängen, die zur
Folge hatte, daß grundsätzlich alle seine Lehrformulierun=
gen als suspekt galten.

Was sich dagegen in der nachfolgenden Tradition fortsetzt
und immer weiter verfestigt, ist die Sicht, die sich dann
sehr schnell zur methodischen Betrachtung entwickelt, daß
man Machttaten und Zeichen, die sog. Wunder Jesu als Aus=
weis für seine Göttlichkeit anführt und davon die mensch=
lichen Eigenschaften scharf trennt (distantem), ein für
Tertullian und die gesamte nachfolgende christologische
Tradition zentraler Gedanke, der die zitierten Aussagen
aus den aufeinanderfolgenden Kapiteln von "Adversus
Praxean" (78) verbindet.

Die Exegese hat kritisch den heilsgeschichtlichen Ort der
Machttaten und Zeichen Jesu zu bestimmen gesucht. (79)
Auch wenn die Forschung hier noch ständig in Fluß ist
und nicht eindeutig ausgesagt werden kann, ob Jesus "Wun=
der" gewirkt hat oder nicht, man aber auch nicht aus=
schließen kann, daß er vorausgehenden Glauben durch macht=
volle Zeichen bestätigt hat, so sind diese "Wunder"

uneingeschränkt der menschlichen Person Jesus zuzuschrei=
ben, weil im NT im M e n s c h e n Jesus das Subjekt
für alle Handlungen gesucht werden muß, allerdings in
einmaliger Übereinstimmung mit Gott. Gottes Heilsauftrag
wurde von Jesus in seiner Verkündigung in einer Einheit
von Wort- und Tatoffenbarung erfüllt. Entscheidend ist,
daß Jesus das Kommen der Gottesherrschaft an seine P e r =
s o n bindet. Diese Sendung schließt Nichtwissen und die
Möglichkeit zu irren nicht aus sondern ein, weil Jesus als
Mensch Gott untergeordnet ist. Gerade sein Menschsein ist
das vornehmliche Medium, der göttliche Offenbarungsort
für das Heil der Menschen in der Welt. Als dieser Mensch
Jesus ist er Gottes Offenbarer und Heilbringer.

Für die kritische Befragung der Dogmengeschichte hat das
weitreichende Konsequenzen. Einer Tabuisierung von Jesu
Göttlichkeit mit Hilfe der Wunder fehlt die exegetische
Grundlage. Auch an dieser Stelle ergibt sich für die chri=
stologischen Dogmen die Notwendigkeit der Rückfrage ans
NT.

Dafür, daß trotz der Uminterpretation der biblischen Got=
tessohnschaft die neutestamentliche Inspiration bei Ter=
tullian nicht gänzlich fehlt, spricht die Tatsache, daß
nur Kreuz und Auferstehung, nicht aber göttliche Sohn=
schaft und Geburt aus Maria soteriologische Bedeutung ha=
ben. Da die Soteriologie zwar bei Tertullian im Vorder=
grund, nicht aber im Mittelpunkt der christologischen Be=
trachtungen dieser Arbeit steht, soll auf die im Dienste
der Soteriologie stehende von Tertullian ganz auf der Li=
nie seines christologischen Denkens vorgenommene Umkeh=
rung des irenäischen Tauschgedankens - Gott wird Mensch,
um uns göttliches Leben zu lehren - nicht weiter einge=
gangen werden. Bei Irenäus steht hinter den Kategorien
der recapitulatio und des Tausches der Gedanke, daß der
Sohn Mensch wurde, um die Menschen zu Söhnen zu machen
und ihnen zu einem Leben als Söhne zu verhelfen. (80)

Dennoch nehmen auch in der soteriologischen Betrachtungs=
weise die beiden Substanzen Christi in Tertullians Chri=
stologie, die wie bei Justin im Rahmen einer Logostheo=
logie (81) entworfen ist, eine hervorragende Stellung
ein, wobei über die messianischen Titel hinaus in Jesus
Gott mit spiritus und Mensch mit caro gleichgesetzt wer=
den: "Ex his Jesus constitit, ex carne homo, ex spiritu
Deus." (82) "Sic denique homo cum deo, dum caro hominis
cum spiritu dei: caro sine semine, spiritus cum semine ex
deo." (83) Abgesehen von der Zeugung durch Gott, die im=
mer klar hervorgehoben wird, ist Jesus als Gott spiritus,
insofern er die Substanz des Wortes ist. Diese Identifi=
zierung wird bezeichnenderweise im Anschluß an Joh 1, 14
vollzogen: "Hic Spiritus Dei idem erit sermo. Sicut enim

Johanne dicente: sermo caro factus est... Nam et Spiritus
s u b s t a n t i a est sermonis et sermo operatio Spi=
ritus et duo unum sunt." (84) Die substantia sermonis
deckt sich mit der persona: "Quaecumque ergo substantia
sermonis fuit, illam dico personam..." (85) Sermo ist
Tertullians meistgebrauchte Übersetzung von λόγος .
Als Ausfluß (prolatio!) (86) der göttlichen Substanz ist
der sermo Geist, wie Gott Geist ist. (87) An die Stelle
Gottes setzt Tertullian in christologischem Zusammenhang
sehr oft spiritus, wohl, um in Abgrenzung gegenüber dem
Modalismus den Anschein zu vermeiden, daß statt eines
"Teiles" (portio) die ganze Gottheit gemeint sei (88):
"Ita utriusque substantiae census hominem et Deum exhi=
buit, hinc natum, inde non natum, hinc carneum, inde
s p i r i t u a l e m , hinc infirmum, inde praefortem;
hinc morientem, inde viventem. Quae proprietas condi=
tionum, divinae et humanae, aequa utique naturae (!)
cuiusque veritate dispuncta est, et s p i r i t u s et
carnis. Eadem fide virtutes s p i r i t u s Dei Deum,
passiones carnem hominis probaverunt." (89) "...utramque
substantiam Christi, et carnis et s p i r i t u s , non
negas... de duarum substantiarum pronuntiat condicione
in semet ipse gestabat..." (90) Über die starke Betonung
der Geistsubstanz hinaus machen die angeführten Zitate
deutlich, daß Tertullian nicht nur von den beiden oder
zwei Substanzen spricht, sondern zuweilen auch schon von
den beiden Naturen.

Durch die antidoketische Polemik bedingt liegt ein be=
sonderer Akzent zusätzlich auf der Bejahung der Gegen=
wart einer menschlichen Seele in Christus. (91) "In Chri=
sto vero invenimus animam et carnem..." (92) Als Dicho=
tomist besteht Tertullian in seiner stoisch geprägten
Anthropologie auf einer sehr engen Einheit von Seele und
Leib, ohne deren Einigung es keinen Menschen gibt. Das
gilt auch für Jesus. Hinzu kommt ein soteriologisches Mo=
ment: Weil Christus gekommen ist, um unsere Seele zu ret=
ten, hatte er selbst eine annehmen müssen. Es ist Lié=
baert darin zuzustimmen, daß die Beweisführung hier noch
ad hominem ist. Sie sei aber erwähnt, weil gerade dieses
soteriologische Prinzip in der späteren dogmatischen
Christologie stark ausgebaut wird. (93)

Das christologische Kerygma, das bei Tertullian letztlich
mit seiner regula fidei zusammenfällt (94), läßt sich mit
Grillmeier dahingehend zusammenfassen, daß im Christus=
bild Tertullians bei aller Betonung der Personeinheit die
menschliche Substanz Christi ein vollwertiges, aber nicht
selbständiges,d.h. personales Prinzip des Handelns
ist. (95) Aber genau da - und das muß Grillmeiers Aus=
führungen kritisch hinzugefügt werden - liegt der inhalt=
liche Unterschied zu neutestamentlichem Kerygma, das nur

von einer heilsgeschichtlichen, aber nicht substantiellen
Gegenwart Gottes im Menschen Jesus weiß. Diese dynamische
Einheit dürfte nicht ganz mit der statischen Einheit von
einer göttlichen und menschlichen Substanz in Jesus über=
einstimmen, auch wenn beide durch den übergeordneten Be=
griff der persona zusammengehalten werden und darüber
hinaus die Substanz Gottes für Tertullian gerade in ihrer
Einzigkeit und Einmaligkeit durchaus konkret und indivi=
duell ist. (96) Trotzdem läßt sich eine Diskrepanz zwi=
schen dem Menschen Jesus als handelnder Person und der
Geistsubstanz des Logos als handelndem personalen Prinzip
nicht übersehen. Sie entspricht zwar dem Trend der nach=
neutestamentlichen Christologie, trägt aber trotz oder
gerade wegen der neuen Begrifflichkeit nicht zur Erwei=
terung, sondern zu der von der nachneutestamentlichen
Tradition eingeleiteten Verkürzung der neutestamentli=
chen Christologie bei. Trotz der Einführung des Person=
begriffs in die Trinitätslehre und Christologie wird
durch Tertullians Aufrechterhaltung eines inzwischen ge=
schaffenen "Logos-Systems" das personale Element in der
göttlichen Beziehung eher verdunkelt als erhellt. (97)

2. Unsicherheit im christologischen Gebrauch von
    persona: Hilarius

Während bei Tertullian die Trinitätslehre von der Chri=
stologie her entwickelt ist, beschreitet Hilarius den
umgekehrten Weg. (98) Wie wenig festgelegt in dieser
Zeit noch der griechische Terminus ὑπόστασις ist, zeigen
die Schwierigkeiten, die Hilarius in trinitarischen Zu=
sammenhängen bei der Übersetzung von ὑπόστασις mit sub=
stantia hat, wie seine Anstoßnahme am zweiten Glaubens=
symbolum der Antiochenischen Synode 341 (99) und die
Auseinandersetzungen auf dem Konzil von Sardika um 343
(100) beweisen. Für den trinitarischen Substanzbegriff
setzt Hilarius deshalb anstelle von substantia bei
selbstverständlicher Verneinung von persona natura ein:
" N o n   p e r s o n a Deus unus est, sed n a t u =
r a . " (101)

Natura scheint ihm auch in der Christologie der geeig=
netere Begriff für substantia zu sein; denn er spricht
schon etwas häufiger als Tertullian von den zwei Naturen
statt der zwei Substanzen in Christus: "utrumque u n u s
existens, dum ipse e x u n i t i s n a t u r i s
n a t u r a e u t r i u s q u e res eadem est." (102)
Auffällig ist die Bezeichnung eadem res als Ausdruck der

Einheit beider Naturen. Die sichere Handhabung von una
persona in der Christologie durch Tertullian ist in die=
ser Zeit längst nicht mehr vorhanden, und die Bedeutung
dieses Begriffes steht ebensowenig fest wie die der an=
deren Termini in Christologie und Trinitätslehre.

Jesus ist für Hilarius wahrer Mensch und wahrer Gott:
" U t   v e r u m   d e u m   ita est   v e r u m   h o m i =
n e m ..." (103), wobei die Gottheit eindeutig hervorge=
hoben, bzw. die Menschheit trotz oben genannter gegen=
teiliger Formulierungen nicht ganz ernst genommen
wird. (104) Der Sohn Gottes hat zwar eine menschliche
Natur, aber sein Leib war kein irdischer, sondern ein
himmlischer: corpus caeleste. (105) Die Voraussetzung
dieser Lehre bildet eine auf der Spekulation ewiger Zeu=
gung beruhende ontologisch interpretierte Gottessohn=
schaft. Phil 2, 7 f legt Hilarius dahingehend aus, daß
die evacuatio des Logos einen Verzicht auf die ihm als
Gott zukommende Herrlichkeit für die Zeit seines irdi=
schen Wandels bedeutet.

Hilarius ist geradezu ein "Schulbeispiel" für die aufge=
zeigte Entwicklung nachneutestamentlicher Christologie,
die immer weiter eine vom NT sich entfernende Richtung
einschlägt durch literalistisch verstandene Praeexistenz
und Gottessohnschaft im Anschluß an Joh und Phil. Hinzu
kommt das Schwanken in der Terminologie selbst bei per=
sona, das Hilarius knapp 150 Jahre nach Tertullian zu
umgehen sucht und das deshalb nur ganz gelegentlich bei
ihm auftaucht: " p e r s o n a   u t r i u s q u e   n a =
t u r a e ". (106)

3. Griechische Einflüsse auf den lateinischen
   christologischen Personbegriff: Ambrosius

Wie bei Hilarius zeigt auch die Christologie des Ambro=
sius, daß die "Eindeutigkeit" der frühen Formulierungen
Tertullians und ihre Nähe zu Chalkedon in der nachfol=
genden Tradition zunächst verlorengeht und sich erst
langsam wieder neu entwickelt. (107) Die 'Vieldeutigkeit'
der einzelnen Termini spiegelt die vom lateinischen Den=
ken geprägte Christologie genauso wider wie die griechi=
sche Überlieferung. Seit Mitte des 4. Jhs. und vor allem
mit Beginn des 5. Jhs. kommt ein starker Einfluß der
östlichen Christologie, nicht zuletzt bedingt durch die
Verbreitung des nizänischen Glaubens, auf die westliche
hinzu. Hilarius war einer der ersten gewesen, der als

Verbannter im östlichen Exil (108) gezwungen war, sich mit
der dort verkündeten Lehre auseinanderzusetzen. Die Spuren
der griechischen Christologie, die in seinem Denken be=
reits zu erkennen waren, treten bei Ambrosius noch deutli=
cher hervor. Trotz grundsätzlicher Bewahrung des abend=
ländischen Schemas, aber mitverursacht durch die Auseinan=
dersetzungen um Apollinaris, macht die Gleichsetzung von
Logos und Subjekt in Jesus deutlich, daß Ambrosius in der
Frage nach dem personbildenden Prinzip von griechischen
Einflüssen abhängig ist. (109)

Die Unsicherheit gegenüber dem Personbegriff, die sich auf
den Damasus-Synoden gezeigt hat (110), vermittelt zu die=
ser Zeit auch Ambrosius. In seinem Buche "De Spiritu ad
Gratianum Augustum" schreibt Ambrosius im Jahre 381: "Quid
est enim: In Spiritu et veritate adorare oportet" (Joh 4,
24) ? si tamen hoc non ad gratiam spiritalem referas, nec
ad veram conscientiae fidem: sed ut diximus, p e r s o =
n a l i t e r (111) - si tamen dignum (!) hoc verbum est
maiestatis expressione divinae - de Christo accipias et de
Spiritu." (112)

Rheinfelder, der mit Recht darauf hinweist, daß Ambrosius
empfindet, dem Wort persona hafte zuviel Menschliches an,
verzichtet darauf, diesen Gedanken für die Christologie
weiter auszuwerten. Entscheidend ist, daß Ambrosius, wie
sich aus dem angeführten Zitat herauslesen läßt, der Aus=
druck personaliter deshalb zu schwach erscheint, weil er,
auf die Christologie bezogen, die göttliche Würde Jesu
nicht genügend zur Geltung bringt. Diese kritische Hal=
tung gegenüber dem Personbegriff, die sich inhaltlich mit
der bereits kurz skizzierten Logoslehre deckt, ist cha=
rakteristisch für das christologische Denken des Bischofs
von Mailand. (113)

Obwohl sich Ambrosius eindeutiger als Hilarius gegen jeg=
lichen Doketismus zur Wehr setzt und ausdrücklich die
wahre Menschheit Jesu hervorgehoben haben möchte, steht
diese doch gegenüber Jesu Göttlichkeit an zweiter Stelle.
Dafür spricht einerseits die wiederholte Äußerung, daß die
Gottheit mit der caro bekleidet wurde wie mit einem Ge=
wande (amictu) (114), andererseits die unterschiedliche
Verwendung von persona, die ganz auf der Linie des Gedan=
kens liegt, daß die Subjektsidentität durch den Logos ge=
wahrt wird, bzw. Jesus an erster Stelle Gott ist. Die In=
terpretation eines Kapitels aus der Schrift des Ambrosius
"De fide ad Gratianum Augustum" soll das verdeutlichen.

"Nam quomodo potest minor esse deus, cum deus perfectus
et plenus sit? - Sed minor i n n a t u r a h o m i =
n i s ! Et miraris, si e x p e r s o n a h o m i n i s
patrem dixit maiorem, qui i n p e r s o n a h o m i =

n i s se vermem dixit esse, non hominem?... Si in hoc
minorem dicis, negare non possum, sed, ut verbo utar
scripturae, non minor natus, sed minoratus, hoc est mi=
nor factus. Quomodo autem minor factus est, nisi quia cum
in forma dei esset, non rapinam arbitratus est esse se
aequalem deo, sed semetipsum exinanivit; non amittens
utique quod erat, sed adsumens quod non erat, quia formam
servi accepit." (115)

Ambrosius möchte verhindern, daß der Gottmensch durch sei=
ne Menschwerdung (beide - unbiblischen - Termini gehören
inzwischen zum feststehenden christologischen Wortschatz)
eine Minderung seiner Gottheit erleidet; denn es geht Am=
brosius in erster Linie um den Gottmenschen und nicht um
die Person des Menschen Jesus. Deshalb können innerhalb
der Zweinaturenlehre persona und natura füreinander ge=
setzt werden, wobei der Kontext die Vermutung nahelegt,
daß es sich bei persona um einen Nachklang des griechi=
schen πρόσωπον mit der ihm zugeschriebenen Bedeutung
"Maske" handelt. (116) Die ambrosianische Exegese des
herangezogenen Phil-Hymnus soll ja vor Augen führen, daß
Jesus als Gott durch seine Menschwerdung nicht geringer
war, sondern es zuließ, für die Zeit seines Erdenlebens
aufgrund seines Menschseins geringer zu erscheinen (mino=
ratus), obwohl er Gott blieb (non amittens utique quod
erat). Die biblische forma dei wird literalistisch ver=
standen und zusätzlich mit den Seinskategorien der grie=
chischen Philosophie interpretiert. An die Stelle der auf
Jesu Gehorsam bis zum Tod aufbauenden Erhöhungschristolo=
gie des Phil-Hymnus (117) ist die Inkarnationschristolo=
gie getreten: "... cum deus semper esset aeternus, i n =
c a r n a t i o n i s sacramenta suscepit..." (118)

Die Einheit der zwei Naturen trotz ihrer Unterscheidung
wird dagegen von Ambrosius klar betont: "... non divisus,
sed u n u s , quia u t r u m q u e u n u s i n
u t r o q u e , hoc est vel divinitate vel corpore."(119)
Dennoch kann man sich des Eindrucks nicht erwehren, daß
die distinctio naturarum mehr als die unio naturarum in
den Vordergrund gestellt ist (120): "Servemus d i =
s t i n c t i o n e m divinitatis et carnis. U n u s
i n u t r a q u e loquitur Dei filius, quia in eodem
u t r a q u e n a t u r a est." (121) Die Wortver=
bindung "una persona" findet sich nicht als Ausdruck des
einigenden personalen Prinzips der beiden Naturen, obwohl
zuweilen auch der richtige Gebrauch von persona vorliegt:
"ipse igitur utrumque unus, inseparabilis numero et ag=
noscendus operis distinctione, non varietate p e r s o =
n a e ." (122)
Inkarnation und Praeexistenz bedingen einander, Ambrosius
verbindet sie mit dem Gedanken eines zweifachen Ursprungs
Christi. Dieser ist vor der Zeit aus dem Vater und in der

Zeit aus der Jungfrau geboren: "... sine matre secundum di=
vinitatem; quia ex deo patre genitus est, u n i u s
s u b s t a n t i a e cum patre; sine patre secundum in=
carnationem, qui natus ex virgine est." (123) Deshalb
spricht Ambrosius, der unermüdlicher Verteidiger der Jung=
fräulichkeit Mariens ist (124), außer von zwei Naturen auch
von einer zweifachen Substanz in Christus: "... g e m i =
n a m igitur propheta in Christo s u b s t a n t i a m
declaravit, divinitatis et carnis, alteram ex patre al=
teram ex virgine, ita tamen ut non exsors suae divinita=
tis esset, cum ex virgine nasceretur et esset in cor=
pore." (125)

Mit Berufung auf das Petrusbekenntnis von Mt 16, 16 werden
Gottessohnschaft und göttliche Zeugung zueinander in Be=
ziehung gesetzt: "Denique una confessio Petri abundavit ad
fidem Christo: Tu es Christus, f i l i u s d e i vivi.
Sat est enim g e n e r a t i o n e m scire d i v i =
n a m , non divisam, non demutatam, non derivatoriam, non
creatam (126). Daraus folgt, daß Maria Mutter G o t t e s
ist: "quae d e u m genuerat" (127); "quae d e u m ge=
neraverat" (128); "quae d e u m portaverat" (129).

Auffälligerweise sieht Ambrosius gerade im Kreuzesleiden
den Beweis für die göttliche Person Jesu: "... sed nullum
hoc maius d i v i n a e p e r s o n a e est testimo=
nium." (130) In einem wenig üblichen Sinne erscheint dem
Bischof von Mailand das Kreuz als ein Wunder, das wie alle
anderen Wundertaten die Gottheit Jesu ausweist. (131)

Schwerdt ist in seinen Studien zur Lehre des Ambrosius von
der Person Christi darin zuzustimmen, daß sich die Grund=
these der ambrosianischen Christologie dahingehend formu=
lieren läßt: Der historische Jesus ist wahrer und ewiger
Gott und bleibt auch auf Erden eine göttliche Person,
selbst wenn ihm dabei noch unterschiedliche Naturen zu=
kommen. (132) Allein daraus ergibt sich die Einzigartig=
keit der Person Jesu: "Singularitas a d p e r s o n a m
pertinet, unitas ad naturam" (133).

4. "Eine Person in zwei Naturen" als christologische
    Formel der Rechtgläubigkeit: Augustinus

Die Einmaligkeit der Person Jesu beschreibt Augustinus auf
die ihm eigene einmalige Weise. Wir sahen, daß bereits
Tertullian von der Unvermischtheit beider Naturen spricht,
die Grillmeier als Voraussetzung ihrer einzigartigen Ver=
einigung bei Tertullian betrachtet und die er in seiner

Formulierung des "duplex status non confusus, sed coniunc=
tus in una persona, deus et homo Jesus" (134) garantiert
sieht: "Status is thus meant to stress the 'permanent
reality' of Godhead and manhood in Christ, or as Tertullian
says, deus et homo Jesus. This 'permanent reality' is only
preserved because Godhead and manhood are   n o t
m i x e d   (135) but merely united or conjoined ...
in una persona." (136) Während also bei Tertullian und in
der gesamten griechischen und lateinischen Tradition bei
Orthodoxen und Haeretikern mit wenigen Ausnahmen das Un=
vermischtsein der zwei Naturen außer Zweifel steht, um=
schreibt ausgerechnet Augustinus, bei dem "eine Person in
zwei Naturen" in der Christologie zum Stichwort der latei=
nischen Rechtgläubigkeit wird, die Person Christi als eine
Vermischung Gottes mit dem Menschen, die allerdings einma=
lig ist: "... p e r s o n a Christi m i x t u r a   est Dei
et hominis. Cum enim Verbum Dei   p e r m i x t u m   est
animae habenti corpus, simul et animam suscepit corpus
..." (137) "S i n g u l a r i quadam s u s c e p t i =
o n e hominis illius u n a facta est p e r s o n a cum
Verbo." (138)

In der Epistula 137 taucht der Gedanke der Mischung beider
Naturen mehrfach auf. "Sic autem quidam reddi sibi ratio=
nem flagitant, quomodo Deus homini p e r m i x t u s sit,
ut u n a fieret p e r s o n a Christi, cum hoc fieri
oportuerit."(139) Der auch sonst oft wiederholte Gedanke,
daß Jesu Person aus einer mixtura Dei et hominis besteht
wie der Mensch aus einer mixtura animae et corporis ("ani=
ma et corpus u n a p e r s o n a , i t a in Christo
Verbum et homo u n a p e r s o n a ")(140) fügt sich
hier ein. Die permixtio findet nicht statt zwischen dem
Verbum und dem körperlichen Teil des Menschen, sondern
zwischen Verbum und anima, und diese "commixtio (duarum re=
rum incorporearum) facilius credi debuit, quam unius in=
corporeae et alterius corporeae. " (141)

Gerade wenn Scheel in seinem umfangreichen Buch zur An=
schauung Augustins über Christi Person und Werk Augusti=
nus zugute halten will, daß das Wort commixtio von ihm in
einem analogen Sinne verwendet wird ("Verbo itaque Dei ad
u n i t a t e m   p e r s o n a e copulatus, et q u o =
d a m m o d o   c o m m i x t u s est homo...") (142), um
die Einheit der beiden Naturen zum Ausdruck zu bringen (143),
ist sie von Augustinus als ein Versuch zur wissenschaftli=
chen Begründung der Einheit gedacht und hat als solche
Konsequenzen für die dogmatische Christologie im allge=
meinen und für die Dogmen im besonderen. Macht man sich
nämlich klar, daß jede Aussage, die mit göttlicher Offen=
barung in Verbindung gebracht wird, immer nur approximativ
und bestenfalls analog sein, aber niemals alle Dimensionen
ganz erfassen und in diesem Sinne voll zutreffend und

adaequat sein kann, so erwächst auch aus dem Gebrauch des
Terminus commixtio bei Augustin, der als Vertreter der
orthodoxen Kirchenväter schlechthin gilt, die Forderung,
die Variabilität und Offenheit dogmatischer Definitionen
an die Stelle ihrer absoluten Verbindlichkeit und Gültig=
keit zu setzen.

Am Begriff der Vermischung, wobei das lateinische com=
mixtio mit dem griechischen κρᾶσις korrespondiert, läßt
sich beinahe eine ähnliche Entwicklung wie bei den Ter=
mini persona und πρόσωπον beobachten. Tertullian, der in
"Adversus Praxean" seinen frühen Entwurf der Christologie
im "Apologeticum" zurückgenommen hatte, hat dabei auch die
Formulierung "homo deo m i x t u s " (144) aufgegeben.
Trotzdem schleicht sich bei dem Versuch, die Vereinigung
der beiden Naturen zu umschreiben, die von Tertullian
selbst bereits überholte Formel in Abwandlungen später
vereinzelt hier und da wieder ein (145), so bei Cyprian
("Deus cum homine m i s c e t u r ") (146) und Laktanz
("Deus est et homo, ex utroque genere p e r m i x =
t u s "), (147) ebenso auch bei Origenes (148) und selbst
bei Athanasius (149). Commixtio wird später mit der Haere=
sie des Eutyches identifiziert.

Von den Folgerungen, die sich aus dieser Verwendung von
commixtio und permixtio und ihren adjektivischen und ver=
balen Komposita ergeben, einmal abgesehen, darf Augusti=
nus selbst ausdrücklich als Autorität für die Überholbar=
keit kirchlicher Glaubensaussagen und Entscheidungen her=
angezogen werden. In Mansis Dokumentensammlung wird inner=
halb einer Zusammenstellung von nachträglichen Approba=
tionen des nizänischen Konzils kurz der Inhalt einer dis=
putatio Augustins wiedergegeben, der sich nicht bei der
Diskussion der Konzilien als letzter Instanz aufhalten,
sondern zur hl. Schrift als letztgültiger Glaubensgrund=
lage zurückkehren möchte: "... nolo ut hac disputatione
conciliorum auctoritatibus teneamur, sed potius his
omissis ad scripturas veniamus ".(150)

Der gute Wille und die Absicht, auf das NT als Fundament
des Glaubens zurückzugehen, kann Augustinus nicht bestrit=
ten werden. Es ist die gleiche Intention, die allen Über=
legungen dieser Arbeit zugrunde liegt und der sachgemäßen
Rangordnung von Exegese und Dogmatik entspricht. (151)
Trotz dieser grundsätzlichen Einstellung wird aber gerade
Augustins Lehre von der Person Jesu Christi (152) zum
Kristallisationspunkt für die wiederholt aufgezeigte ein=
seitige Orientierung an biblischer Christologie und die
dabei vorgenommene Exegese im Anschluß an Joh und Phil.
Schnackenburg charakterisiert die 124 Traktate Augustins
zum JohEv als einen Kommentar, der über die dogmatischen
Streitigkeiten hinaus oft am Literalsinn wenig interes=

siert ist und sogleich zur Meditation und Spekulation vor=
dringt, wobei die einzelnen Homilien durchweg als wirkli=
che Predigten zwischen 414 und 416 gehalten wurden. (153)
Es trifft zu, daß Augustins Kommentar zum JohEv wie allen
seinen exegetischen Bemühungen von Ambrosius her mehr die
allegorische Interpretationsmethode als die verbale Aus=
legungsform zugrunde liegt. Dennoch ist ihm die bereits in
einer bestimmten Richtung gelenkte Exegese des JohEv durch
die Tradition vorgegeben, von der er sich keineswegs löst,
sondern sie seinerseits durch spekulative Methodik weiter=
führt.

"Christus u n a   p e r s o n a est g e m i n a e
s u b s t a n t i a e , quia Deus et homo est." (154)
Zu dieser auf der nachneutestamentlichen Überlieferung
aufbauenden christologischen Bestimmung gelangt Augustinus
dadurch, daß die menschliche Natur, die forma servi, vom
Gottessohn zur Einheit der Person aufgenommen wird (155):
"Illa forma servi inhaesit a d   u n i t a t e m   p e r =
s o n a e ..." (156)

Mit der oben angedeuteten und noch weiter auszuführenden
augustinischen Interpretation des JohEv, insbesondere sei=
nes Prologs, sowie der Aufnahme der forma servi aus Phil 2
trifft die ebenfalls schon zur Tradition gewordene Umin=
terpretation der messianischen Titel "Menschensohn" und
"Gottessohn" zusammen, wie ein längeres Zitat aus dem
Enchiridon ad Laurentium verdeutlichen soll: "Proinde
Christus Jesus, d e i f i l i u s , est et deus et homo:
deus ante omnia saecula, homo in nostro saeculo: deus quia
dei verbum (!) - 'deus enim erat verbum' - homo autem quia
i n u n i t a t e m   p e r s o n a e accessit verbo
anima rationalis et caro. Quocirca in quantum deus est,
ipse et pater unum sunt: in quantum autem homo est, pater
maior est illo. Cum enim esset u n i c u s   d e i f i =
l i u s non gratia sed n a t u r a ut esset etiam ple=
nus gratia, factus est et h o m i n i s   f i l i u s ;
idem ipse utrumque, ex utroque unus Christus, quia, cum in
forma dei esset, non rapinam arbitratus est quod n a t u =
r a erat, id est esse aequalis deo. Exinanivit autem se,
accipiens formam servi, non amittens vel minuens formam
dei." (157)

Mit Joh 1, 1 ist für Augustinus die Praeexistenz des Gott-
Logos gegeben. Zu diesem tritt der Mensch Jesus, ausge=
stattet mit einer vernünftigen Seele und einem Körper, in
personaler Einheit hinzu. Eine Subordination kann nur auf
die menschliche Natur bezogen werden, da Joh 10, 30 da=
hingehend ausgelegt wird, daß Jesus und der Vater eins
sind, weil Jesus selbst Gott ist. Nur insofern er auch
Mensch ist, ist der Vater größer. Das schließt aber nicht
aus, sondern ein, daß Jesus in der forma dei Gottessohn

von Natur aus und außerdem in der forma servi Menschensohn
aus Gnade ist. Dabei sind Gottessohn und Menschensohn
nicht zwei Söhne, sondern einer: "Unus Dei Filius idemque
hominis Filius, unus hominis Filius, idemque Dei Filius,
n o n   d u o   Filii Dei, Deus et homo, sed u n u s
D e i   F i l i u s ." (158) Wie bei Tertullian, Hilarius ˏ
sowie Ambrosius und letztlich auf Ignatius von Antiochien
zurückgehend gebührt der Person des Gottessohnes in Sub=
jektsidentität mit dem Logos der Vorrang gegenüber dem
Menschensohn.

Mit dieser ursprünglich von den biblischen Hoheitstiteln
ausgehenden und traditionell interpretierten Verbindung
von Gottessohn und Menschensohn wird gleichzeitig die
Spekulation der mit göttlicher Zeugung begründeten Got=
tessohnschaft verbunden. Christus ist als Gott und Mensch
einer, weil er vom Vater gezeugt und von der Jungfrau ge=
boren wurde: "...credentes in e u m   d e i   f i l i u m,
qui natus est per spiritum sanctum ex virgine Maria." (159)
Obwohl Jesus als der Christus immer Gottessohn und nur
zeitweise Menschensohn ist, befindet sich der Menschensohn
in gleicher Weise im Himmel wie der Gottessohn auf Erden.
Aus Joh 3, 13 "Niemand ist in den Himmel hinaufgestiegen
außer dem, der vom Himmel herabgestiegen ist, dem Men=
schensohn, der im Himmel ist" wird herausgelesen, daß der
Gottessohn im Himmel weilt aufgrund seiner Personeinheit,
in der er als Gott Mensch ist und als Mensch Gott: "Ecce
hic erat, et in caelo erat, hic erat carne, in caelo erat
divinitate... Duae nativitates Christi intelliguntur, una
divina, altera humana; ...ambae mirabilès; illa sine matre,
ista sine patre." (160)

Die menschliche und göttliche Natur in Christus gefährden
in ihrer personalen Einheit nicht die Trinität: "Agnosca=
mus g e m i n a m   s u b s t a n t i a m   Christi, divi=
nam scilicet qua aequalis est Patri; humanam qua maior est
Pater. Utrumque autem simul n o n   d u o , sed u n u s
Christus, n e   s i t   q u a t e r n i t a s   n o n
T r i n i t a s   D e u s ." (161) Wie Hilarius und nicht
wie Tertullian entwickelt Augustinus die Christologie von
der Trinitätslehre her. Da die Schrift nur triadische For=
meln, aber keine ausgeprägte Dreieinigkeitslehre ent=
hält (162), können weder AT noch NT die Basis für Augu=
stins Trinitätsspekulation abgeben. Den philosophischen
Nährboden bildet das an der Spitze der neuplatonischen
"emanatio" stehende Drei-Hypostasen-Denkmodell Plo=
tins (163). Über Augustins Dreifaltigkeitslehre gehen des=
halb auch neuplatonische Züge in seine Christologie ein.
Die Verbindung von philosophischem Denken und allegori=
scher Schriftinterpretation macht es Augustinus aller=
dings möglich, entgegen dem tatsächlichen biblischen Be=
fund dennoch die Bibel zur Grundlage seiner Trinitätsleh=

re zu nehmen, um in ihr die Christologie einzubauen.

In den ersten vier Büchern seines fünfzehn Bücher umfas=
senden theologischen Werkes "De trinitate" möchte Augu=
stinus eine Zusammenstellung positiven Schriftmaterials
bieten. Gleich im achten Kapitel des ersten Buches gibt
er auf dem Hintergrund des nizänischen Glaubensbekennt=
nisses, das er im sechsten Kapitel behandelt hat "si
autem creatura non est, e i u s d e m   c u m   p a t r e
s u b s t a n t i a e est"(164) eine Erklärung einiger
Schrifttexte, welche von einer Unterwerfung des Sohnes un=
ter den Vater zu sprechen scheinen. Wie der Sohn dem Vater
wesensgleich ist, so ist es auch der hl. Geist; alle drei
sind von Natur aus sich wesensgleich und gleichewig:
"... ut certius expresserim, deitatem, quae non est crea=
tura sed est u n i t a s   t r i n i t a t i s   incorpo=
rea et incommutabilis, et sibimet c o n s u b s t a n =
t i a l i s   et coaeterna n a t u r a ."(165) Mit dieser
für Augustinus feststehenden trinitarischen Gegebenheit
wird der christologische Gedanke verknüpft, daß die
Gleichheit der drei göttlichen Personen eigentlich eine
Unterlegenheit des Gottessohnes ausschließt und deshalb
nur auf den Menschensohn zutrifft. Der Hinweis wird wie=
der anhand der Gleichsetzung von menschlicher Natur und
forma servi geführt: "Quoniam pater maior me est. Unde
nulla cunctatio est secundum hoc esse dictum quod forma
servi maior est pater, qui in forma dei aequalis est fi=
lius."(166)

Im zweiten Buch, besonders im fünften Kapitel, zeigt Augu=
stinus auf, daß die Sendung keine Überordnung der senden=
den über die gesandte Person bedeutet - im Gegensatz zum
gegenwärtigen exegetischen Forschungsstand.(167) Augusti=
nus versteht es, die Unterordung Jesu unter den Vater zu
nivellieren, indem er das Senden durch den Vater mit dem
johanneischen Jesuswort (168) des Ausgehens vom Vater und
Kommen in diese Welt gleichsetzt: "Ego, inquit, a patre
exii et veni in hunc mundum; ergo a patre e x i r e e t
v e n i r e in hunc mundum, h o c   e s t   m i t =
t i ."(169) Inwieweit bei dieser Interpretation dem exire
die Vorstellung des neuplatonischen emanare zugrunde liegt,
müßte detailliert untersucht werden. Die beabsichtigte Be=
gründung der Gleichheit des Sohnes mit dem Vater legt die=
se Vermutung nahe.(170)

Ein kurzer Einblick in Augustins Trinitätslehre (171) als
Basis seiner Christologie zeigte uns, daß Augustinus kei=
ne Bedenken hat, das Wort persona auf den Menschen und
auf Gott zu beziehen trotz der großen Distanz, die beide
trennt. Der Terminus ist zwar nicht durch die Schrift le=
gitimiert, aber nach Augustins Auffassung widerspricht er
ihr auch nicht. Die nach Tertullian bis zu den Damasus-

Synoden zu beobachtende wechselnde Entwicklung in der An=
wendung des trinitarischen Personbegriffs hat sich inzwi=
schen konsolidiert: "Deinde in ipso generali vocabulo si
proptera dicimus t r e s   p e r s o n a s   quia commune
est eis id quod persona est... Certe enim pater persona
et filius persona et spiritus sanctus persona, ideo tres
personae... An quia nec tres nec unam personam scriptura
dicit haec tria (legimus enim personam domini non perso=
nam dominum), proptera licuit loquendi et disputandi ne=
cessitate tres personas dicere non quia scriptura dicit,
sed quia scriptura non contradicit..."(172)

Während Augustins Haltung zum Personbegriff in der Trini=
tätslehre klar umrissen ist, kennt er dagegen in der Chri=
stologie noch keine konsequente Unterscheidung zwischen
natura und substantia und, wie wir im Folgenden sehen wer=
den, in der frühen Phase seiner schriftstellerischen Tä=
tigkeit als Christ auch noch keine eindeutige Bstimmung
des christologischen Personbegriffs. Die Einheit der Per=
son resultiert aus der Verbindung von zwei Naturen
("unam... personam in utraque   n a t u r a ...")(173) oder
zwei Substanzen ("... gemina... s u b s t a n t i a , sed
una persona est..")(174).

Trotz Augustins klarer Hervorhebung der göttlichen Natur
innerhalb der Zweinaturenlehre, die mit der auf der Prae=
existenz begründeten Descendenzchristologie parallel
läuft "proinde sicut confitemur, dominus noster Jesus
Christus, qui de deo deus, homo autem natus est de spiri=
tu sancto et de virgine Maria, u t r a q u e   s u b =
s t a n t i a , d i v i n a   scilicet atque h u m a n a ,
f i l i u s   d e i   patris omnipotentis, quo procedit
spiritus sanctus"(175), scheut er sich nicht, ebenso ein=
deutig zu betonen, daß Christus den Menschen als wirkli=
cher Mensch erschienen ist: "Christus hominibus in v e r o
h o m i n e   apparuit."(176)

Daß sich dabei in der christologischen Konzeption Augu=
stins, selbst wenn man das Mysterium unangetastet läßt,
Schwierigkeiten logischer Art ergeben, muß Schiltz zuge=
standen werden. Allerdings sieht er im Gegensatz zum kri=
tischen Ansatz dieser Arbeit die Hauptschwierigkeit darin,
daß Jesus als eine Person wie alle anderen erscheinen
könnte und die Sonderheit seiner einzigartigen Indivi=
dualität nicht gewahrt ist: "Il reste cependant dans la
christologie augustinienne une sérieuse difficulté, qui
peut se résumer comme suit: S'il n' y a   aucune diffé=
rence entre la nature humaine du Christ et celle des
autres hommes, il semble logiquement nécessaire que, mal=
gré tout, elle soit u n e   p e r s o n n e   c o m m e
l e s   a u t r e s ."(177) Diese Schwierigkeiten sind
sogleich zu beseitigen, wenn die Ergebnisse der jüngsten

exegetischen Forschung, die bei Abfassung des Aufsatzes
von Schiltz im Jahre 1936 noch längst nicht vorlagen, in
Zukunft ernst genommen und für die Dogmatik fruchtbar ge=
macht werden, daß sich nämlich Jesus in seinem Menschsein
tatsächlich nicht von seinen Mitmenschen unterscheidet und
die Singularität seiner Person darin besteht, daß sich in
ihm gerade als Mensch Offenbarung Gottes ereignet.

Scheel hat in seiner Monographie zu Augustins Christologie
den Nachweis erbracht, daß auch die christologischen Aus=
führungen Augustins wie alle seine Frühschriften in der
Zeit nach seiner Bekehrung noch stark vom Neuplatonismus
geprägt sind. (178)

Schmaus(179) widerspricht der im Folgenden von Scheel
übernommenen Identifizierung des augustinischen Verbum mit
dem neuplatonischen νοῦς. Schmaus führt seinen Gegenbeweis
vom Boden der kirchlichen bzw. augustinischen Trinitäts=
lehre aus, nach der das Verbum ein Subjekt der streng im=
manenten göttlichen Trinität ist. Diese Beweisführung be=
wegt sich allerdings in einem circulus vitiosus, da einer=
seits die augustinische Trinitätslehre selbst unbestritten
vom Neuplatonismus geprägt ist, andererseits die kirchli=
che Trinitätslehre der biblischen Grundlage entbehrt.

Für unsere Darstellungen fällt nicht nur die Gleichsetzung
von filius dei und forma, die sich beide zwar zunächst sel=
ten, aber bereits sehr früh bei Augustin finden, auf, son=
dern über die von der griechischen und speziell neuplato=
nischen Philosphie gespeiste unzertrennliche Verbindung
des johanneischen Logos mit der Schöpfung hinaus auch die
Identifizierung des filius dei mit dem plotinischen κόσμος
νοητός und νοῦς.

In diesen Zusammenhang paßt es, daß die Menschheit Jesu
sehr selten erwähnt wird. Gottheit und Menschheit werden
streng geschieden, wobei der letzteren folgerichtig die
geringere Bedeutung zukommt: "caro factum est Verbum; quod
ipsum non commutationem Dei significat, sed susceptionem
i n f e r i o r i s   p e r s o n a e , i.e. h u m a =
n a e ."(180) Auch wenn man bei diesem Zitat die verschie=
denen vorhandenen Lesarten zur Wahl stellt, "susceptionem
naturae inferioris personae" und "susceptionem naturae in=
ferioris"(181), ergibt sich keine andere Wertung. Scheel
ist aber zuzustimmen, daß diese christologische Formel,
die man, soweit sie den Personbegriff betrifft, als unau=
gustinisch empfindet, in der Literatur jener Zeit nicht
allein dasteht. Trotz der seit Tertullian nachweisbaren
Formulierungen una persona - duae substantiae drückt Am=
brosius, wie wir sahen, die Personeinheit nicht in dieser
eindeutigen Form aus. Bei ihm tauchen sogar hier und da
noch in der Christologie duae personae auf durch den wie=

derholt aufgezeigten Einfluß der Bedeutungen von Maske und
Rolle.(182) Es stimmt mit der Chronologie überein, daß
auch Augustinus mit persona diese Sinngebung verbindet,
wenn er sagt, daß Jesu Sitzen am Brunnen "demonstrare ma=
gistri p e r s o n a m quoniam solent sedere docto=
res."(183)

Für die neuplatonische Periode Augustins ergibt sich zu=
sammenfassend, daß einerseits der christologische Person=
begriff noch unbestimmt bleibt, andererseits die Mensch=
heit Jesu gegenüber der neuplatonisch geprägten Logoschri=
stologie zurücktritt.

Für die Presbyterzeit Augustins (391-395) (184) ist das ab=
solute Festhalten an der wahren Gottheit Jesu kennzeich=
nend. Die Geburt Gottes aus Gott bleibt ein Geheimnis und
liegt auf der Ebene des Glaubens. Die auf Gottvater und
Sohn bezogenen unterschiedlichen Aussagen sind "secundum
proprietatem p e r s o n a r u m "(185) getroffen, damit
man den Vater als den Vater und den Sohn als den Sohn
erkennt, und berechtigen deshalb nicht dazu, keine volle
Gleichheit zwischen Vater und Sohn anzunehmen. Der neupla=
tonische Einfluß in der Christologie ist geblieben, zumal
Augustinus grundsätzlich von der Voraussetzung ausgeht,
daß das Verbum dasselbe sei wie der Logos der Griechen, da
ja auch die Unwandelbarkeit des göttlichen Logos im jo=
hanneischen Prolog dadurch gewahrt werde, daß das Wort in
der Welt gewesen und dennoch in sein Eigentum gekommen
sei.(185) Die religiöse Anschauungsform, gepaart mit
kirchlicher Denkweise "aeternus cum aeterno vivens, Deus
in Deo manens"(187) und natus de Deo, deckt sich, beides
zusammenfassend, mit der neuplatonischen Spekulation und
ihrem Ausdruck "species incommutabilis de illo et in il=
lo"(188).

Augustins Hervorhebung der Prädikate der Unveränderlich=
keit und Unwandelbarkeit des ewigen Logos gibt die Pro=
venienz der Denkmodelle und Begrifflichkeiten seiner sy=
stematischen theologischen Gedanken an. Der transzendente
griechische Seinsbegriff und nicht der sich offenbarende
Gott ist Ausgangspunkt der augustinischen Überlegungen.(189)
Die damit verbundene Logosspekulation liegt Augustins
Christologie zugrunde und nicht die Reflexion über den
historischen Jesus.

Die Einheit der Person in Jesus ist auch in der Presby=
terzeit Augustins noch nicht geklärt. Scheel weist darauf
hin, daß es offenbleibt, ob der Grund der Erscheinung des
Verbum in persona in einer besonderen Empfängnis des
einen Geschöpfes Jesus beruht, oder ob es vom Willen des
Verbum abhängig ist (190). Im Verhältnis der zwei Naturen
zueinander kommt es zu einem kleinen, wenn auch in dieser

Zeit noch nicht streng durchgehaltenen Fortschritt. Augu=
stinus gesteht dem Logos eine "p a r t i c i p a t i o
naturae nostrae"(191) zu. Aber trotz der bejahten Voll=
ständigkeit der menschlichen Natur kommt es zu keiner
selbständigen Bedeutung des Menschen. Für die Christolo=
gie der Presbyterzeit Augustins ergibt sich, daß das
Schema der Zweinaturenlehre nicht verlassen wird, aber
die Einheit dominierend, wenn auch unbewiesen bleibt.

Die allgemein griechische und besonders neuplatonische
Prägung macht Augustins Nähe zur theologischen Schule von
Alexandrien deutlich. Seine Verbundenheit mit ihr ist
größer als sein Anschluß an die abendländische Tradition,
die in der Christologie mehr eine Tendenz zur Zweiteilung
hin zeigt. Freilich treten bei Augustinus auch vereinzelt
Neigungen zum Adoptianismus bei scharfer Abgrenzung zur
davon unterschiedlichen Adoption der Gläubigen auf, wo=
bei der Logos mit der persona Sapientiae identifiziert
wird und deshalb die persona Sapientiae die natura huma=
na angenommen hat "...praepotientia et singularitate
s u s c e p t i o n i s ad habendam naturaliter et agen=
dam p e r s o n a m Sapientiae, sicut ipse Mediator
unum cum ipsa suscipiente Sapientia sine interpositione
alicuius mediatoris effectus..."(192) Wie die Gläubigen
nicht filii Dei natura sind, "...sed per fidem induendo
Christum, omnes fiunt filii; n o n   n a t u r a , sicut
unicus filius, qui etiam Sapientia est;"(193) so werden
sie auch nicht wie Jesus Söhne " s u s c e p t i o n e
Sapientiae", sondern nur "filii p a r t i c i p a t i o =
n e Sapientiae"(194). Aber trotz der adoptianistischen
Züge in seiner Christologie ist Augustinus nie überzeug=
ter Adoptianer gewesen, wie sein Gottesbegriff und seine
Stellung zum menschlichen Leben Jesu beweisen.

Die Betonung der Gottheit des Filius Dei bestimmt auch
die Christologie des "späten" Augustinus.(195) In Gegen=
überstellung zur creatura, der Jesus als Gott nicht an=
gehört, da nur seiner menschlichen Natur eine kreatürli=
che Schwäche eignet, ist er de substantia Patris.(196)
Für den Beweis der Gottheit Jesu beruft sich Augustinus
immer wieder auf Joh 1, 1. Diese Schriftstelle ist für
ihn der locus classicus seiner Christologie, auch wenn
man gerade bei diesem johanneischen Vers versuchte, durch
andere Interpunktion und damit verbundene Interpretation
die Gottheit des Logos in Zweifel zu ziehen: In principio
erat Verbum, et Verbum erat apud Deum, et Deus erat, Ver=
bum hoc erat in principio apud Deum.(197) Weil Augustinus
durch seine allegorische Schriftauslegung eine gewisse
ambiguitas der Schriftworte einbezieht, sucht er, um eine
eindeutige Entscheidung bei der Erklärung des programma=
tischen Einleitungsverses zum johanneischen Prolog her=
beizuführen, die Autorität in der "regula fidei" der

Kirche: "Sed hoc   r e g u l a   f i d e i   refellendum est,
qua nobis d e   T r i n i t a t i s   a e q u a l i t a =
t e   praescribitur ut dicamus: Et Deus erat Verbum."(198)
Das angeführte Zitat macht einerseits deutlich, in welchem
Maße Augustinus die Christologie von der Trinitätslehre
her begründet und andererseits, wie sehr er selbst von
seinem weiter oben angeführten Grundsatz abweicht, der
Schrift als ganzer die erste und letzte Autorität in Glau=
bensfragen zuzuerkennen. Statt dessen gesteht er dem be=
reits dogmatisierten kirchlichen Glaubensgut die größere
Entscheidungskraft zu.

Im Vergleich zu den früheren Perioden Augustins sind in
der Christologie die Beziehungen des Filius zum Pater ge=
nauer dargelegt. Innerhalb der Trinität ist der Sohn nicht
pars Dei, aber doch eiusdem naturae.(199) Das Verbum ist
nicht aliud, sondern alius(200); es ist alia p e r s o n a,
aber nicht diversa natura.(201) Der neuplatonische Cha=
rakter der Logoschristologie kennzeichnet auch diese Pha=
se Augustins. Das bestätigen seine anderen Schriften aus
dieser letzten Epoche. Der Filius oder das Verbum sind
weiterhin eins mit dem neuplatonischen νοῦς und κόσμος
νοητός. Der Gedanke der metaphysischen Menschwerdung bei
Augustinus entspricht dem metaphysischen Trieb der alten
Kirche, die in der Hypostasierung des Sohnes zum Praeexi=
stenten die Basis jeglicher Christologie sieht. Auch wenn
Augustinus, um jedem Subordinatianismus vorzubeugen, den
neuplatonischen νοῦς nicht direkt als eine Hypostase über=
nommen hat, weil sie aus dem Ureinen ausstrahlend geringer
sein würde als dieses, entbehrt seine Christologie nicht
der neuplatonischen Inhalte im Gewand biblischer und
kirchlicher Formeln. Zwar bringen hauptsächlich die "Kon=
fessionen" in Abhebung gegenüber der Lehre der Mani=
chäer(202) und Neuplatoniker, die die Menschwerdung leug=
nen, diese deutlich zum Ausdruck, aber gerade die bekann=
ten Kapitel aus dem 7. Buch der Konfessionen(2o3) erwei=
sen sich mit wenigen Ausnahmen überwiegend als Interpre=
tationen im Anschluß an das JohEv und den Phil-Hymnus,
wobei zusätzlich in diesen Ausführungen die humilitas Je=
su im Vordergrund steht, ein Lieblingsgedanke Augustins,
der für seine Werke als Gegenpart zur superbia zentral
ist, wie z.B. auch aus demProoemium zu seinem Spätwerk
"De civitate Dei" zu ersehen ist. Von den christologischen
Betrachtungen der Confessiones abgesehen wird die Mensch=
werdung Jesu von Augustinus u.a. mit folgenden Formeln um=
schrieben: assumptio, missio, incarnatio, carne indui, in=
duere se carnem, accipere imbecillitatem nostram, fieri
caro oder Filius hominis. Das accedere hominis Deo und re=
cedere a Patre erinnert zumindest wieder an das Denkmodell
der neuplatonischen emanatio und reditio.

Aber über diese schwachen Berührungspunkte hinaus kommt es

durch die aufgezeigte starke Beteiligung der neuplatoni=
schen Ideenlehre auch in Augustins später Christologie,
soweit sie die Zweinaturenlehre und nicht die soteriolo=
gischen Gedankengänge betrifft, nicht zu angemessenen Re=
flexionen der geschichtlichen Erscheinung Jesu.

Die christologische Formel "una persona - duae naturae
(substantiae)", bzw. "...utraque (gemina) natura (sub=
stantia)", zu deren Bestimmung Augustinus in der Spät=
phase seiner Theologie kommt, nachdem er die Ausdrucks=
weise von einer persona humana und divina, die er als
Neophyt gebraucht hatte, abgelegt hat, wurde bereits an
den Anfang dieses Kapitels über die augustinische Christo=
logie gestellt. Die bei Augustinus in dieser Formulierung
wieder neu erreichte Eindeutigkeit bei der Umschreibung
der Personeinheit in Jesus stellt die Frage nach seinem
Verhältnis zu Tertullian. Ob Augustinus den tertullianei=
schen Terminus von zwei Substanzen direkt von Tertullian
entlehnt hat, läßt sich schwer entscheiden. (204) Auch
wenn Augustinus Tertullian durch Vermittlung Cyprians
kannte, richtet sich die augustinische Polemik gerade ge=
gen den stoischen Substanzbegriff Tertullians. (205)
Da Ambrosius zwar nicht von einer una persona, aber einer
gemina substantia spricht, legt nicht nur die Chronologie
sondern auch das persönliche Verhältnis zwischen Augusti=
nus und Ambrosius eine Abhängigkeit des Schülers von sei=
nem Lehrer nahe. Auch Grillmeier spricht sich dafür aus,
daß Augustinus zur Formel der una persona unabhängig von
Tertullian gekommen ist. (206)

Will man die Grundzüge der augustinischen Christologie in
einem einzigen Begriff zusammenfassen, so vereinigen sich
in Jesus Gott und Mensch zur Person des Gottmenschen. Der
Terminus des Deus-homo, dem wir bei Origenes zum ersten
Mal begegneten (207, ist Augustinus schon geläufig. (208)
Der Unterschied zur antiochenischen Christusauffassung in
der Bezeichnung Jesu als Gottmensch liegt darin, daß in
der christologischen Tradition der Schule von Antiochien
die gottmenschliche Einheit eine werdende und nicht eine
fertige ist wie bei Augustinus. In dieser unterschiedli=
chen Konzeption stehen sich die heilsgeschichtlich-dyna=
mischen Anschauungsformen der Bibel, die die antiocheni=
sche Überlieferung bewahrte, und die metaphysisch-stati=
schen Kategorien, die sich die alexandrinische Tradition
zueigen machte, gegenüber. Das deckt sich mit der Erkennt=
nis, daß der Platonismus als Grundlage der alexandrini=
schen Theologie auch die Basis augustinischer Theologie
bildet.

Den im Neuplatonismus ausgeführten Gedanken der Einheit
spiegelt, wie wiederholt aufgezeigt, Augustins Trinitäts=
lehre wider. Für die Menschwerdung bedeutet das, daß zwar

die ganze Trinität das Fleisch Jesu geschaffen hat (trini=
tas tota operatur) (209), es aber ihm allein angehört (sed
s o l i u s Filii p e r s o n a est) (210): "Solum Fili=
um verissime dicimus ipsam suscepisse carnem, non Patrem
aut Spiritum sanctum; et tamen hanc incarnationem ad solum
Filium pertinentem, quisquis negat cooperatum Patrem aut
Spiritum sanctum, non recte sapit." (211) Die spekulative
Begründung der Christologie aus der Trinität trifft mit
der in der nachneutestamentlichen Lehre von Christus durch=
weg vertretenen absteigenden Linie der Christologie "von
oben" zusammen, die wiederum mit dem Denkmodell der plato=
nisch-plotinischen Ideenlehre, ihrer Ideenpyramide und
Emanationsspekulation, konform geht.

Wie der Platonismus allem Körperlichen schon immer ab=
lehnend gegenüberstand, so kann es auch deshalb bei Augu=
stinus, noch verstärkt durch seine manichäische Vergangen=
heit, nicht zu einer Aufwertung des Leiblichen kommen.(212)
Auch aus diesem Gedanken heraus ergibt sich, daß die
menschliche Natur Jesu gegenüber seiner göttlichen an
zweiter Stelle steht.

Selbst die augustinische Gnadenlehre, die das theologische
Spätwerk Augustins immer mehr durchdringt, wird zur Be=
gründung der Gottheit Jesu in der Christologie herange=
zogen. Die Sündelosigkeit Jesu wird nicht allgemein auf
die Einwirkung der göttlichen gratia zurückgeführt, son=
dern erklärt sich aus der Tatsache, daß Jesus Gott und
Mensch in einer Person ist:"...non erat tantum homo, sed
d e u s e t h o m o , per quam mirabilem singularemque
g r a t i a m humana in illo peccato nullo posset esse
natura." (213) Es ist die höchste Gnade, daß der Mensch in
die Einheit der göttlichen Person aufgenommen wurde: "sum=
ma gratia est; quod homo i n u n i t a t e p e r s o=
n a e coniunctus est Deo." (214) Dieser Gedanke Augustins
könnte auf einen adoptianischen Zug hinweisen, aber dieser
mit Hilfe der Gnadenlehre mögliche Neuansatz in der Chri=
stologie wird von Augustinus in der Zweinaturenlehre nicht
konsequent durchgehalten. Der Logos bleibt in alexandrini=
scher Manier das personbildende Prinzip. Augustinus denkt
nicht antiochenisch, sondern läßt durch die Gnade Gottes
den Menschen Jesus sogleich bei seiner Erschaffung von dem
Verbum in die Einheit der Person aufgenommen werden: "...
insinuatio g r a t i a e Dei, quae homo nullis praece=
dentibus meritis in ipso exordio naturae suae quo esse
coepit v e r b o Dei copularetur in tantam p e r s o =
n a e u n i t a t e m , ut idem ipse esset Filius Dei
qui Filius hominis..." (215) Durch die Vereinigung mit
dem Logos ist dem Menschen Jesus die Möglichkeit genom=
men, seinen freien Willen auf das Böse auszurichten:
"Neque metuendum erat ne ... i n u n i t a t e m
p e r s o n a e a V e r b o Deo natura humana sus=

cepta, per liberum voluntatis peccaret arbitrium, cum ipsa
susceptio talis esset, ut natura hominis a Deo ita sus=
cepta, nullum in se motum malae voluntatis admitteret."(216)

Die Gottheit Jesu wird um jeden Preis festgehalten und Je=
sus daher auch göttliche Allwissenheit zugesprochen. Die
mit der Göttlichkeit im Widerspruch stehenden typisch
menschlichen Züge werden negiert. Wenn Jesus sage, er wis=
se nicht die Stunde seiner Wiederkunft, so deshalb, weil
die Menschen diese nicht von ihm erfahren sollten. (217)
Allerdings muß Augustinus zugute gehalten werden, daß man
eine Irrtumslosigkeit Jesu auch in der Exegese erst seit
dem Ende der sechziger Jahre dieses Jahrhunderts zu be=
streiten wagt. Aber von dieser Tatsache abgesehen, trifft
auf die Wertung der menschlichen Natur Jesu durch Augu=
stinus die folgende Beurteilung Scheels voll und ganz zu:
"Wenn ... die Gottheit der Person festgehalten wird, so
sinkt die in die Einheit aufgenommene Menschheit nicht
bloß herab zu einer menschlichen Erscheinungsform, son=
dern sie muß Schein werden." (218)

Die von Scheel umschriebene augustinische Sicht der
Menschheit Jesu liegt in der einseitig orientierten Exe=
gese Augustins begründet. Der Bischof von Hippo zieht ganz
offenkundig das JohEv den synoptischen Evangelien vor. Be=
einflußt durch die griechische Logoslehre, besonders neu=
platonischer Provenienz, geht Augustinus mit einem philo=
sophischen Vorverständnis an die Auslegung des JohEv her=
an und sieht wie fast alle nachneutestamentlichen Theolo=
gen nicht dessen wesentliche Gemeinsamkeiten mit den drei
anderen Evangelien. Für Augustinus erkannte nur Joh in
seiner Logosspekulation Christus als den, der er war,
weil Joh versuchte, alles Veränderliche hinter sich zu
lassen und sich an das hielt, was allein Bestand hat,
weil es alles übersteigt: "... cum videatis ergo ista om=
nia esse mutabilia; quid est quod est, nisi quod trans=
cendit (!) omnia." (219) Der metaphysische Transzendenz=
begriff verleitet Augustinus zu der Auffassung, daß nicht
die Betrachtung des Christus der synoptischen Evangelien
die Weisheit (sapientia) des Christen fördert, sondern
die Erkenntnis (scientia) des Logos, die Schau des Ewigen.
Die augustinischen Ausführungen zu Joh 1, 1-14 lassen da=
ran keinen Zweifel: "... ab excellentiore eiusdem mentis
officio, quod c o n t e m p l a n d i s   a e t e r =
n i s rebus impenditur, ac sola c o g n i t i o n e
finitur; ... i m m u t a b i l e   a c   s e m p i t e r =
n u m est cuius c o n t e m p l a t i o nos beatos fa=
cit; c o n t e m p l a t i v a m vitam requirit." (220)
Der Kontemplationsgedanke des Neuplatonismus in Synthese
mit seinem Logosbegriff ist für Augustinus E r k e n n t=
n i s prinzip christlicher W e i s h e i t . Von diesem
unterscheidet sich allerdings erheblich der johanneische

Logos als H e i l s prinzip christlichen L e b e n s .

Augustins philosophischer Ausgangspunkt verbindet sich zu=
sätzlich mit einem dogmatischen Vorverständnis. Der meta=
physische Transzendenzgedanke und das nizänische Bekennt=
nis von der gleichen göttlichen Wesenheit Jesu mit dem Va=
ter - wobei Augustinus nie am Ausdruck des ὁμοούσιος haf=
tet (221) - werden kombiniert und bei der Auslegung des
JohEv, ohne mit der ursprünglichen Intention seines Ver=
fassers übereinzustimmen, eingebracht. Nur von dieser der
johanneischen Theologie unterschobenen Sicht ist für Augu=
stinus das JohEv weit höher zu schätzen als die Synopti=
ker. Diese erzählen, was Jesus per h u m a n a m carnem
temporaliter getan hat. "Porro autem Iohannes ipsam m a =
x i m e d i v i n i t a t e m Domini, qua Patri est
a e q u a l i s , intendit, eamque praecipue suo evange=
lio... commendare curavit; ... illum (Iohannem) ... trans=
cendisse nebulam, qua tegitur omnis terra, et pervenisse
ad liquidum coelum, unde acie mentis acutissima atque fir=
missima videret, in principio Verbum apud Deum, per quem
facta sunt omnia." (222)

Wie für alle Vertreter nachneutestamentlicher Logoslehre
werden in gleicher Weise für Augustinus die Ausführungen
des JohEv zum meistgewählten Ausgangspunkt der Betrach=
tungen über die Gottheit Jesu. Über die Göttlichkeit des
ewigen praeexistenten Logos hinaus sieht Augustinus auch
für die Zweinaturenlehre im JohEv die von der Schrift le=
gitimierte Grundlage: "Propter quam p e r s o n a m
u n a m e x d u a b u s s u b s t a n t i i s d i =
v i n a h u m a n a q u e constantem, aliquando secun=
dum id quod Deus est loquitur, ut est illud quod ait: Ego
et Pater unum sumus; aliquando secundum id quod homo est,
sicuti est illud: Quoniam Pater maior me est..." (223)
Die beiden von Augustinus zitierten johanneischen Verse
10, 30 und 14, 28 werden neben dem Phil-Hymnus zum klassi=
schen Schriftbeweis der dogmatischen Zweinaturenlehre,
auch in ihrer konziliaren Definition, die an den Formu=
lierungen Augustins wenig ändert.

Die vorsichtig angedeutete Auffassung Scheels, daß man die
Zweinaturenlehre aufgeben oder zumindest auf den Logos als
personbildendes Prinzip verzichten müßte, wenn wirklich
die Gottheit Jesu so gefaßt werden sollte, wie sie sich
mit der Annahme einer menschlichen Persönlichkeit ver=
trägt (224), soll einerseits kräftig unterstützt, anderer=
seits dahingehend modifiziert werden, daß im Gegensatz zur
überwiegend nachneutestamentlichen Exegese es gerade Joh
um den f l e i s c h g e w o r d e n e n Logos geht und
deshalb der Mensch Jesus als vollständige Person im Mit=
telpunkt der johanneischen wie jeder Christologie steht,
so daß eine Zweiteilung Jesu in verschiedene Naturen ent=

fällt und sich stattdessen die Menschheit Jesu als Offen=
barungsort Gottes erweist. In klarem Widerspruch zu die=
sem Schriftbefund setzt sich in der frühen Christologie in
Verbindung mit der Uminterpretation messianischer Titel in
der theologischen Spekulation eine Gott-Natur Jesu durch,
die auf der Interpretationsebene griechischer Seinsphilo=
sophie zu einer Geringschätzung der Menschheit Jesu führt.
Was am Beginn der alexandrinischen Tradition bei Klemens
keimhaft im Ansatz vorhanden war, (225) ist verstärkt
durch den Neuplatonismus bei Augustinus offenkundig: Eine
Menschwerdung Gottes war nicht notwendig, aber zweckmä=
ßig. Mit dieser schroffen Haltung versöhnt allein der zen=
trale Gedanke der augustinischen Soteriologie (226), daß
die Inkarnation ein Zeichen der göttlichen Liebe war:
"... ut demonstraretur nobis, quanti nos penderet Deus,
quantumque d i l i g e r e t ." (227) Die große inhalt=
liche Diskrepanz zwischen Augustins systematischer Chri=
stologie und seiner Soteriologie ist nicht zu übersehen.

III. Der christologische Personbegriff in den
      Theologischen Schulen

Die Katechetenschulen der frühen Kirche sind aus den Ka=
techumenaten ihrer Anfangszeit entstanden. Die Auseinan=
dersetzung mit der zeitgenössischen Philosophie zwang die
Verkündiger der christlichen Botschaft dazu, ihren Glau=
ben auch denkend zu durchdringen. Aus dieser systemati=
schen Reflexion resultierten in Konkurrenz zu den heidni=
schen Philosophenschulen bestimmte, mit der Wissenschaft
ihrer Zeit fundierte theologische Lehren. Auf diese über=
trug man parallel zur antiken Philosophie den Begriff des
δόγμα, eine Bezeichnung, die damals ausschließlich eine
Lehrmeinung abdecken wollte und sich deshalb erheblich
von unserem heutigen, vom I. Vatikanum geprägten "dog=
matischen" Verständnis unterscheidet. (228)

Es ist kein Anliegen der folgenden Darlegungen, in eine
ausgiebige Diskussion um die teilweise sehr unterschied=
lichen Schwerpunkte in den Lehrtraditionen der beiden
großen altchristlichen Theologenschulen von Alexandrien
und Antiochien einzutreten, sondern es soll auf der Linie
der vorangegangenen Ausführungen fortfahrend das beige=
tragen werden, was für das Verständnis der verschieden
geprägten Christologien und deren Personbegriff wesent=
lich ist.

1. Vorzug für φύσις und ὑπόστασις gegenüber πρόσωπον : Alexandrien

Als Metropole des weltweiten Hellenismus förderte die
Alexandrinische Katechetenschule jede Form von Synthese.
In erster Linie war aber dort die platonische Tradition
besonders philonischer Ausprägung lebendig (229), zumal
Philon in seinen Werken ein grundsätzlicher Verfechter
wissenschaftlicher Synthese war. (230)

In Pantänus, Klemens und Origenes sind uns die Hauptver=
treter der Alexandrinischen Schule begegnet. (231) Auch
die Wiege des Neuplatonismus muß in Alexandrien gestanden
haben, da dessen Begründer Ammonios Sakkas 242 n. Chr.
dort gestorben ist und Plotin, der auch ein Mitschüler des
Origenes war, Ammonios in Alexandrien gehört hat.

Die grundsätzliche Einstellung der Alexandriner zur Herme=
neutik besteht in ihrer Absicht, die Wirklichkeit, die
"hinter" den Buchstaben steht, zu erfassen. (232) Für die=
se Art der Textauslegung bietet sich die allegorische In=
terpretationsmethode an.(233) Auch dabei ist die Wirkung
Philons, der der allegorischen Schriftauslegung den Rang
der Wissenschaftlichkeit verliehen hatte, unverkennbar.

Ein philonischer Einfluß auf das JohEv, für den sich die
Untersuchungen am Anfang dieser Arbeit, die nach der Pro=
venienz des vierten Evangeliums gefragt hatten, ausge=
sprochen haben, wird durch die Tatsache bestätigt, daß mit
der Stellung der alttestamentlichen Weisheitslehre alexan=
drinisches Gedankengut in die johanneische Schrift ein=
ging. (234) Die nachneutestamentliche Exegese des JohEv in
der Verbindung mit der griechischen philosophischen Logos=
lehre hat schließlich gerade bei Klemens und Origenes da=
zu geführt, Jesus als den ewigen göttlichen Logos und Got=
tessohn ganz auf die Seite Gottes zu stellen. Diese Nei=
gung, die Göttlichkeit überzubetonen, bleibt in der ale=
xandrinischen Theologie bis ins 5. Jh. sehr ausge=
prägt. (235) Sie führt in der systematischen Lehre von
Christus zu einer Logos-Sarx-Christologie, in der der Lo=
gos die einzige tragende Hypostase ist. (236)

Da,wie wir bei Origenes schon sahen (237), φύσις zunächst
noch nicht von ὑπόστασις abgesetzt wurde, kann die Ale=
xandrinische Schule von der φύσις des fleischgewordenen
Logos sprechen. (238) Dieser Begriff alterniert freilich
auch mit ὑπόστασις, während verständlicherweise
bei den Alexandrinern als unphilosophischer Ausdruck zu=
rücktritt. Alle drei genannten Termini werden dagegen in
der alexandrinischen Christologie klar von οὐσία geschie=
den. (239)

2. Vorzug für πρόσωπον gegenüber φύσις und ὑπόστασις: Antiochien

Die Schule von Antiochien, als deren Begründer Lukian von
Samosata angesehen wird, hat keine platonische, sondern
eine aristotelische Tradition. Von daher ergibt sich eine
mehr grammatisch-historische Arbeitsweise. Die Bibelaus=
legung war deshalb philologisch und nicht allegorisie=
rend. Aber ebensowenig wie bei Ignatius von Antiochien
ein literalistisches Schriftverständnis nur den "bloßen
Buchstaben" meinte (240), will auch die spätere den Lite=
ralsinn betonende antiochenische Richtung nicht eine blo=
ße Wortexegese betreiben. Ihr hermeneutischer Ansatz der
θεωρία liegt vielmehr in der ganz auf Jesus bezogenen
Auslegung der Schrift, wobei alle Evangelien der bibli=
schen Betrachtung zugrunde gelegt werden. Jesu Menschsein
wird zum Ausgangspunkt christologischen Denkens. (241) Zu
Recht trifft Balz deshalb die Feststellung, daß es mit der
historisch-kritischen Forschung im 19. Jh. zu einer Erneu=
erung der antiochenischen Christologie gekommen ist. (242)

Die starke Bezogenheit auf den Menschen Jesus schließt da=
gegen nicht aus, daß die Antiochener begeisterte Verteidi=
ger des Konzils von Nikaia waren, weil bei ihnen trotz
ihrer Sicht der Christologie "von unten" die wahre Gott=
heit Christi unangetastet bleiben soll. (243) In diesem
Punkt gehen die Ausführungen der vorliegenden Arbeit mit
der Berufung auf den exegetischen Befund auch über die
antiochenische christologische Tradition hinaus, indem sie
bei aller Gleichheit in der christologischen Ausgangsposi=
tion bezüglich des Menschseins Jesu seine Gottheit deut=
lich negieren, aber ebenso das einmalige Verhältnis des
Menschen Jesus zu Gott und seine absolute Bindung an ihn
festhalten und in den Vordergrund stellen.

Während die alexandrinische Christologie von der Voraus=
setzung ausgeht, daß Gottes ewiger Sohn selbst ein Men=
schenleben gelebt hat, geht die antiochenische Schule von
der Vorstellung aus, daß Jesus der Gott u n d der Mensch
ist. Die Schwierigkeit dieser Konzeption liegt darin, zwi=
schen diesen beiden eine Einheit aufzubauen, die eigent=
lich als verschiedene Subjekte vorgestellt werden. (244)

Der Rahmen der Zweinaturenlehre ist deshalb auch für die
Antiochener vorgegeben, allerdings im Unterschied zu den
Alexandrinern nicht innerhalb einer Logos-Sarx-Christolo=
gie, sondern vom antiochenischen Ansatz her innerhalb
einer Logos - A n t h r o p o s - Christologie. Adam weist
in seiner Dogmengeschichte darauf hin, daß sich in Antio=
chien das palästinensische Verständnis der Christologie
hat halten können, wonach die Gestalt Jesu als zweiter

Adam galt. In Jesus, der von Gott erwählt worden war, ist die Entwicklung der Menschheit zur Vollendung gekommen, indem er in der Taufe zum Erlöser bestimmt wurde. (245) Dieses Verständnis der Taufe Jesu in Verbindung mit alt= testamentlicher Typologie deckt sich mit der Interpreta= tion der Taufe Jesu im Sinne der Amtseinsetzung als Ba= sis der adoptianischen Christologie, wie sie im Anschluß an Mk 1, 9 ff in den exegetischen Grundlegungen zu einer neutestamentlichen Christologie "von unten" in den ein= leitenden Kapiteln dieser Arbeit vorgenommen wurde. (246) Die antiochenische Christologie stellte Jesus ganz auf die Seite der Menschen und zog den Trennungsstrich zwi= schen Gottheit und Menschheit unmittelbar unter der Gott= heit des Vaters selbst.

Trotz dieser christologischen These und entgegen der grundsätzlichen Proklamation der Priorität der Exegese bleibt auch bei den Antiochenern die Unbegrenztheit der Gottnatur das entscheidende Kriterium ihrer Christologie. An dieser Tatsache läßt sich ähnlich wie bei Augustinus an seinem Verhältnis zu Schrift und Tradition (247) ab= lesen, daß trotz einer prinzipiell anderen Einstellung in der theologischen Methodik schon in der Entwicklung der ersten christlichen Jahrhunderte kirchenamtlich dog= matisiertes Glaubensgut vor der gebotenen Schriftautori= tät an erster Stelle steht.

Das "finitum non capax infiniti" ist letztlich die Prä= misse des christologischen Denkens der Antiochener. Die= ser Kapazitätsbegriff entspricht dem Gedanken der "Ein= wohnung" (ἐνοίκησις), von der die ganze Christologie der Antiochener beherrscht ist. Der Logos wohnte im Menschen Jesus wie in seinem Tempel. (248)

An der antiochenischen im Gegensatz zu den Alexandrinern stehenden Ablehnung des φύσις-Begriffes als Fundament der Einigung zwischen Gott und Mensch spiegelt sich auf der einen Seite das stark von der Philologie geprägte, auf der anderen Seite das von der aristotelischen Philosophie beeinflußte Denken wider. Die Antiochener wenden sich des= halb gegen die Anwendung des Terminus der φύσις zur Um= schreibung der Personeinheit in Jesus, weil sie durch die Formel von der physischen Einigung die Gnadenhaftigkeit der Menschwerdung (ἕνωσις κατ' εὐδοκίαν) gefährdet se= hen. (249) In der späteren Auseinandersetzung zwischen Kyrill und Nestorius mußte für den letzteren φύσις mit der ersten Substanz des Aristoteles, der πρώτη οὐσία, identisch sein. Während Kyrill auf dem Hintergrund der platonischen οὐσία, die als Idee immer auch Wesenheit und das Ding selbst in seinem wahren Sein (αὐτὸ τὸ πρᾶγμα) bedeutet (250), von der einen konkreten Wirklichkeit des Gottmenschen sprechen wollte, mußte Nestorius aufgrund

seines von der aristotelischen Philosophie geprägten Ver=
ständnisses der πρώτη οὐσία diese als Substanz, die weder
von einem Subjekt ausgesagt wird noch in einem Subjekt ist
und deshalb als τόδε τι letztes Seinsfundament der Akzi=
dentien bedeutet (251), verwerfen. Der aristotelische
Grundsatz, jede Aussage in ihrer eigenen Seinshöhe zu den=
ken, hielt die Antiochener vom Gebrauch von φύσις und ὑπόστασις in der Christologie zurück. Nicht das christologi=
sche Denkmodell der Alexandriner "einer und derselbe"
gilt es herauszustellen, sondern die christologische Ka=
tegorie des "einer und ein anderer" zu betonen. Für diese
Aussageweise verbunden mit dem Anliegen, biblischer Chri=
stologie gerecht zu werden, schien den Antiochenern der
philosophisch nicht vorbelastete Begriff des πρόσωπον
geeigneter. Freilich rief dieser Ausdruck im Zusammenhang
mit der antiochenischen Lehre einer Einigung in Jesus
durch Name, Macht und Ehre die alte Bedeutung der "Maske"
in den Kritikern wach und erregte zugleich den Verdacht,
als wäre Jesus als Gott und Mensch nicht einer, sondern
trete nur in dieser Rolle auf und gelte deshalb als
einer. (252)

Das unterschiedliche philosophische Vorverständnis, das
bei Alexandrinern und Antiochenern den Begriffen φύσις,
ὑπόστασις und πρόσωπον zugrunde liegt, sowie Ungenauig=
keiten im Gebrauch derselben Terminologie (253) führen
über die Machtkämpfe der beiden alten Patriarchate um das
Übergewicht in Konstantinopel hinaus zu den harten Kon=
troversen in der christologischen Diskussion.

IV. Der Personbegriff in der östlichen Christologie

1. Orthodoxe christliche Formel trotz haeretischer Lehre: Apollinaris

In Apollinaris von Laodizäa treffen wir wieder auf einen
Vertreter der alexandrinischen Christologie. Apollinaris
kämpfte lange Jahre vereint mit Athanasius um die Durch=
setzung der Konzilsdekrete von Nikaia.

Um die Einheit des Gottmenschen, der ein- und derselbe
ist, auszudrücken, spricht Apollinaris von der e i n e n
fleischgewordenen Natur des Gottlogos (μία φύσις τοῦ
θεοῦ σεσαρκωμένη). Diese ἕνωσις φυσική meint die reale
Seinseinheit des Sohnes Gottes mit dem Menschen Jesus,
ist also durch zwei "Teile", aber nicht durch zwei Na=
turen konstituiert, da "Natur" mit "Person" zusammen=
fällt. (254) Um diese Personeinheit auszudrücken, scheut
Apollinaris über den Gebrauch des Wortes φύσις hinaus
weder davor zurück, den sonst bei den Alexandrinern in
christologischem Zusammenhang abgelehnten Ausdruck οὐσία
in der Christologie zu benutzen, um ein Wesen (οὐσία) in
Christus zu umschreiben, da ὁμοούσιος bei ihm nicht mit
"gleichwesentlich" übersetzt werden darf, sondern soviel
wie "zusammengenommen zu einer οὐσία mit Gott" bedeutet,
noch hält er sich an die bei den Alexandrinern allgemein
übliche Gewohnheit, neben ὑπόστασις, dessen Gebrauch zur
Interpretation der Einheit der Person in Christus auch
das Werk des Apollinaris zu sein scheint, den ebensowe=
nig beliebten Terminus πρόσωπον in die alexandrinische
Christologie einzuführen. Dadurch kommt es zu einer
Gleichsetzung von φύσις, οὐσία, ὑπόστασις und πρόσωπον.
Gottheit und Menschheit existieren ungetrennt in einer
Person: ὅρα ἀχωρίστως ἐν τῷ ἑνὶ προσώπῳ θεότητα καὶ ἀνθρω=
πότητα." (255) Mit dieser Formulierung treffen wir beim
Haeretiker Apollinaris im Prinzip auf die von der Kirche
in Chalkedon ausdrücklich zur Definition erhobene chri=
stologische Formel der Orthodoxie.

Die Einreihung des Apollinaris unter die Haeretiker und
seine endgültige Verurteilung auf dem Konzil von Kon=
stantinopel (381) (256) resultiert allerdings weniger aus
dem von der alexandrinischen Lehre von Christus in der
Terminologie üblichen abweichenden christologischen Wort=
schatz, sondern aus der apollinaristischen Leugnung der
Menschenseele Jesu, zumindest seines νοῦς als Sitz der
Willensfreiheit und des Ich. Die Prägung durch die pla=
tonisch-alexandrinische Philosophie, wobei zur ἕνωσις

φυσικἠ noch ein Einfluß der stoischen Anthropologie hin=
zukommt, gestattet es Apollinaris nicht, die menschliche
Seele in ihrer Wandelbarkeit dem Gottmenschen zuzuspre=
chen. Aufgrund dieser statischen Auffassung sieht Apolli=
naris bei einer gegenteiligen Konstruktion für Jesus die
Gefahr der Unbeständigkeit und Sünde. Um das auszuschlie=
ßen, entscheidet er sich, konsequent im platonischen
Denkhorizont verbleibend, für eine substantiale Heilig=
keit Jesu. (257) An die Stelle des νοῦς bzw. der ψυχὴ
λογικὴ ist bei Jesus innerhalb der platonisch-trichotomi=
stischen Sicht der göttliche Logos getreten.

Gerade bei seiner Betonung der absoluten Logoshegemonie
in Jesus beruft sich Apollinaris gerne auf Joh 1, 14, in=
dem er das Wort σάρξ in engstmöglichem Sinne, allenfalls
in der Bedeutung der vollen Menschlichkeit, (258) niemals
aber des vollständigen Menschen, interpretiert, da er es
weder mit der Natur der Zweinaturenlehre noch mit Person
gleichsetzen kann, weil für ihn beide identisch sind. Dem
seit Tertullian in die Christologie eingeführten und von
Origenes wieder stark hervorgehobenen soteriologischen
Argument, daß nichts erlöst wurde, was nicht zuvor ange=
nommen worden ist, begegnet Apollinaris deshalb mit dem
Gedanken, daß das Menschengeschlecht nicht durch Annahme
des Geistes (νοῦς) und des ganzen (ὅλον) Menschen bei Je=
sus erlöst wurde, sondern durch Hinzunahme des Fleisches.
Die Bewirkung der Erlösung in den Menschen selbst wird in
platonischer Terminologie als participatio an Christus,
dem inkarnierten Gott, beschrieben. Ihm nachzufolgen, be=
deutet Angleichung durch Erkenntnis. Daraus folgt, daß
die Soteriologie des Apollinaris mit der Lehre von der
platonischen ὁμοίωσις θεῷ zusammenfällt.

Die klassische Stelle für die ὁμοίωσις θεῷ (259) Platons
ist Theait. 176 A (260): " φυγὴ δὲ ὁμοίωσις θεῷ κατὰ τὸ
δυνατόν. ὁμοίωσις δὲ δίκαιον καὶ ὅσιον μετὰ φρονήσεως
γενέσθαι."

In die platonische Definition geht durch die Stoa die
Vorstellung der Erkenntnis Gottes ein. (261) Es entsteht
das Begriffspaar: cognitio (γνῶσις) - par et similis deo
(ὁμοίωσις). (262) Im Neuplatonismus besteht die ὁμοίωσις
θεῷ in der Wiedervereinigung mit der Gottheit ohne Ver=
bindung mit der Materie. (263)

Plotin schließt sich bei der Behandlung der ὁμοίωσις un=
mittelbar an Platon an. So erscheint in der plotinischen
Tugendlehre die ὁμοίωσις θεῷ als Zentralbegriff. (264)
Ähnlichkeit mit dem Höchsten kann nur durch Teilhabe an
der Form erreicht werden: " καθ' ὅσον δὲ μεταλαμβάνει
εἴδους, κατὰ τοσοῦτον ὁμοιοῦται ἀνειδέῳ ἐκείνῳ ὄντι."(265)

Voraussetzung für die Teilhabe ist Reinigung, weil Gott
rein ist: "καθαρὸν γὰρ καὶ τὸ θεῖον καὶ ἡ ἐνέργεια
τοιαύτη, ὡς τὸ μιμούμενον ἔχειν φρόνησιν ." (266)
μιμέομαι und ὁμοιοῦμαι sind ebenso identisch, wie ἔχειν
φρόνησιν als Synonym für νοεῖν steht. Die reine Seele be=
sitzt das νοεῖν und damit die ὁμοίωσις θεῷ.

Die kurz dargestellte Entwicklung platonisch-plotinischer
ὁμοίωσις-Lehre macht die geistesgeschichtliche Quelle des
apollinaristischen Verständnisses der Erlösung als parti=
cipatio an Christus und seiner Nachfolge als Angleichung
durch Erkenntnis deutlich. Wie aber bei Plotin die ὁμοίωσις θεῷ über ein Ähnlichwerden hinaus Vergöttlichung be=
deutet (θεὸς δὲ τῶν ἑπομένων τῷ πρώτῳ)(267), so liegt
auch bei Apollinaris der Akzent auf dem göttlichen Wesen
Christi. In dem Versuch, fast zur Identität mit Gott zu
gelangen, geht Plotin über Platon hinaus. (268) Die plo=
tinische ὁμοίωσις θεῷ bedeutet ein θεὸς γενέσθαι. Diese
Überbetonung des Göttlichen bei Plotin ist auch für Apol=
linaris charakteristisch. Daraus resultiert die von bei=
den vertretene Abwertung des Leiblichen.

Denn radikal vom tatsächlichen exegetischen Befund unter=
scheidet sich Apollinaris in seiner Meinung, ein Mensch
könne niemals Gott so offenbaren, daß den Menschen dadurch
das Göttliche vermittelt wird. Demgegenüber besteht der
Kern der christlichen Frohbotschaft gerade darin, daß sich
im Leben des Menschen Jesus von Nazareth Gottes Liebe in
Fülle verwirklicht und mitgeteilt hat. Jesus ist dieser
von Apollinaris in Terminologie und Denken abgelehnte
ἄνθρωπος ε ν θ ε ο ς . Der platonische Verständnishori=
zont läßt es bei Apollinaris nicht zu, daß Gott Mensch
werden könne, deshalb ist der Mensch Jesus schon vor sei=
ner Inkarnation praeexistent und von Gott nicht unter=
schieden. Durch seine Menschwerdung ist Jesus ἄνθρωπος ἐξ
οὐρανοῦ . Diesem Ausdruck zieht Apollinaris den Begriff
des θεὸς ἔνσαρκος oder νοῦς ἔνσαρκος vor, mit dem er die
biblische Redeweise völlig hinter sich gelassen hat.(269)
Die Inkarnation ist παρουσία der göttlichen Idee. Apolli=
naris geht nur insofern noch über den zentralen Gedanken
platonischer Philosophie hinaus, daß die Idee a l s
I d e e   e r s c h i e n e n ist und nicht nur in viel=
fältigen Abbildern. (270)

Bei kaum einem Theologen der nachneutestamentlichen Chri=
stologie werden wir mit so großen systemübergreifenden
Unterschieden in Denkmodellen und Terminologien in Bezug
auf orthodoxe und haeretische Glaubensinhalte konfron=
tiert. Eine mäßig biblische Inspiration gegenüber einer
stark beeinflußten philosophischen Anschauung machen es
über die Tatsache hinaus, daß die christologische Termi=
nologie bei ihrer grundsätzlichen Offenheit zu dieser Zeit

noch in keiner Weise festgelegt war, möglich, eine solche
Mischung von Denkformen und -inhalten zwischen Orthodoxie
und Haeresie vorzunehmen. Von Apollinaris losgelöst be=
deutet das: Kein Begriff deckt sich von vornherein mit
einem bestimmten Inhalt, sondern bringt nur durch Über=
einkunft eine festumrissene Anschauung zum Ausdruck, mit
deren zeitbedingtem Wandel auch der Terminus selbst wie=
der auf seine noch zutreffende "Gültigkeit" hin überprüft
werden muß. Diese abstrakte Analyse läßt sich leicht auf
die Ebene des konkreten Beispiels einer in neuer Weise
geforderten Dogmenentwicklung transponieren.

2. Griechischer Vorläufer der chalkedonensischen Zwei= naturenlehre: Theodor

Theodor wurde um 383 Presbyter in Antiochien und war von
392 -428 Bischof von Mopsuestia in Kilikien. (271) In ihm
kommt die antiochenische Tradition zu ihrer durchdachte=
sten Form. Theodor gilt zugleich als der größte Exeget der
Antiochenischen Schule. Ausgehend vom biblischen Fundament
entwirft er im Kampf gegen den Apollinarismus seine Theo=
logie.

Theodors Christologie wird im Rahmen der Zweinaturenlehre
entwickelt. (272) Die Polemik gegen Apollinaris trägt da=
zu bei, daß ein starker Akzent auf die Unterscheidung der
zwei Naturen fällt. (273) Darüber hinaus soll das Göttli=
che vor jeder Befleckung durch das Menschliche geschützt
werden. Deshalb bedeutet die Aussage des Joh-Prologs, daß
der Logos Fleisch geworden ist, keine Veränderung, son=
dern in Entsprechung zur allgemein üblichen antiocheni=
schen Terminologie Einwohnung (ἐνοίκησις). Jesus war kein
gewöhnlicher Mensch, aber doch ein wirklicher Mensch, bei
dem der νοῦς nicht ausgeschlossen werden darf. Die Verei=
nigung der beiden Naturen, von denen jede ihr eigenes
πρόσωπον hat, kommt durch Gnade zur Vollendung in einem
πρόσωπον. Auch wenn gegenüber der Zweiheit in Jesus die
Einheit bei Theodor zurücktritt, verdankt die Formulie=
rung "eine Person - zwei Naturen" fast zweihundert Jahre
später als ihre Einführung in der lateinischen Christolo=
gie durch Tertullian in der griechischen Christologie
Theodor ihren Platz: "adunari dicimus u t r a s q u e
n a t u r a s et u n a m iuxta adunationem effectam
esse p e r s o n a m ."(274) In der unvermischten und
ungetrennten Vereinigung der beiden Naturen zu einer Per=
son und Hypostase (275) begegnen wir bei Theodor dem grie=
chischen Vorläufer der chalkedonensischen Zweinaturen=

82

lehre. Was bei Apollinaris auf der alexandrinischen Seite
bereits in der griechischen Tradition in Bezug auf die
Personeinheit klar formuliert war, wird von Theodor mit
der Bestimmung der zwei Naturen, die im apollinaristischen
Kontext entfielen, auf der antiochenischen Seite für die
östliche Christologie ergänzt.

Theodors Rechtgläubigkeit wird erst nach seinem Tod von
Kyrill angezweifelt, aber in Chalkedon wieder anerkannt.
Das Hauptanliegen dieser Arbeit, die Person des Menschen
Jesus von Nazareth zum Ausgangspunkt jeder Christologie zu
nehmen, unterstreicht Theodor dadurch, daß er der Men=
schennatur Jesu ein echtes physisch-menschliches Innenle=
ben und Handlungsfähigkeit zugesteht. Die in der nachneu=
testamentlichen Logoslehre und in der an sie anknüpfenden
alexandrinischen Christologie unangefochtene Stellung des
Logos als handelnden personalen Prinzips wird von Theodor
erschüttert. Von daher wird die Annahme des Erlösungsop=
fers zu einem Akt der menschlichen Entscheidung Jesu.
Gerade die Gegenüberstellung mit Apollinaris macht deut=
lich, wie weit sich von der Exegese losgelöste philosophi=
sche Spekulation vom zentralen Gehalt christlicher Lehre
entfernen kann und wie im Verhältnis dazu bei Theodor das
Studium der Schrift die Nähe zur Offenbarung Gottes in Je=
sus bewahrt.

3. "Eine Person in zwei Naturen" bei vermeintlichem
    Haeretiker: Nestorius

Im Jahre 428 wurde der antiochenische Priester Nestorius
von Kaiser Theodosius II. zum Bischof von Konstantinopel
eingesetzt. Über die machtpolitischen Rivalitäten hinaus
kam es durch den Zusammenstoß zwischen dem strengen Atha=
nasianismus des Kyrill von Alexandrien mit der antioche=
nischen Tradition des Nestorius zum Ausbruch des großen
christologischen Konfliktes. (276)

Dieser entzündete sich zunächst an der Bezeichnung Marias
als χριστοτόκος, womit sich Nestorius gegen die von ihm
in Konstantinopel vorgefundenen marianischen Titel θεο=
τόκος, der von Kyrill bevorzugt gebraucht wird, und
ἀνθρωποτόκος wendet. (277) Nestorius begründet seine Ent=
scheidung für χριστοτόκος, durch die er zwischen den bei=
den anderen Benennungen vermitteln möchte, mit dem Hin=
weis, daß Jesu "Name" Christos eine zweifache Mittler=
schaft impliziere, auf der einen Seite die weiter gefaßte
Gottes mit den Menschen überhaupt, auf der anderen Seite

aber die besondere Vereinigung zwischen Gott und Mensch in
Jesus. Bei dieser Deutung versucht Nestorius, hinter dem
inzwischen zum Eigennamen Jesu gewordenen Christos der ur=
sprünglichen Bedeutung des alttestamentlichen Hoheitstitels
für die christologischen Zusammenhänge gerecht zu werden.
Dieser Versuch veranschaulicht beispielhaft die vorrangige
Stellung der Exegese in der Antiochenischen Schule und
der damit verbundenen philosophischen Methode. (278)

Zugleich entspricht er dem zentralen Gedanken der Christo=
logie des Nestorius, daß C h r i s t u s als Subjekt und
nicht dem Logos alle göttlichen und menschlichen Attribute
und Handlungen zukommen.

Im christologischen Schema der Zweinaturenlehre, das Ne=
storius von seinem Lehrer Theodor von Mopsuestia (279)
übernimmt, will Nestorius die beiden φύσεις in unvermisch=
ter Weise zu einem πρόσωπον zusammengefaßt wissen. In Ent=
sprechung zur antiochenischen Tradition bevorzugt Nesto=
rius πρόσωπον zur Bezeichnung der geschichtlichen Erschei=
nung Jesu. (280) "Τῶν δύο φύσεων μία ἐστιν αὐθεντία
καὶ μία δύναμις ἤτοι δυναστεία καὶ ἕν πρόσωπον κατὰ
μίαν ἀξίαν καὶ τὴν αὐτὴν τιμήν ." (281) Mit dieser Formu=
lierung treffen wir bei dem später als Haeretiker verbann=
ten Nestorius auf orthodoxe christologische Formeln, wie
auch die folgenden Zitate, die zwei Naturen betreffend, aus
Sermo II nach der lateinischen Übersetzung des Marius Mer=
cator deutlich machen: "... cum d u a s in Christo Domi=
no n a t u r a s distinguerem: duae sunt enim, si natu=
ram spectes; si dignitatem simplex. Naturarum enim aucto=
ritas u n a est, propter coniunctionem..." (282) -
" I n c o n f u s a m igitur servemus n a t u r a r u m
c o n i u n c t i o n e m ; confiteamur i n h o m i =
n e D e u m ..." (283) Eine bei Theodor bereits in grö=
ßerem Maße vorhandene terminologische "Eindeutigkeit" im
Gebrauch des christologischen Personbegriffs läßt Nesto=
rius dagegen vermissen. Hier liegt eine auffällige Paralle=
le zu der vom lateinischen Denken geprägten Christologie
vor. Nach der Einführung von persona in die westliche Chri=
stologie durch Tertullian und der fast selbstverständlichen
Verwendung dieses Begriffs durch ihn trafen wir bei den
späteren Nachfolgern sowohl bei Hilarius als auch bei Am=
brosius auf Unsicherheit in der Handhabung dieses Terminus,
mitverursacht durch inhaltliche Mehrdeutigkeit. (284)

Nestorius spricht zeitlich gesehen noch später, als es Am=
brosius in seiner Christologie und Augustinus in seiner
frühen Periode taten, von der persona naturae: "... ut
ostendatur benignitas iusta .. propterea Christus... sus=
cepit p e r s o n a m n a t u r a e ..." (285) Der
Gedanke wird in Verbindung mit Phil 2, 5 ff geäußert. (286)
Der Phil-Hymnus als vermeintlich biblische Grundlage der

dogmatischen Zweinaturenlehre verbindet alle christologi=
schen Traditionen unabhängig von ihrer unterschiedlichen
Provenienz und dem Verfolgen ihrer oft entgegengesetzten
Zielsetzungen.

In der persona naturae des Nestorius kommt auch im Unter=
schied z.B. zu Ambrosius das Anliegen der antiochenischen
Christologie mit verschärftem Akzent klar zum Ausdruck.
Gerade die Betrachtung der neutestamentlichen Gestalt Je=
su gestattet es Nestorius nicht, sich eine abstrakte
menschliche Natur ohne Persönlichkeit zu denken. In die=
ser Beurteilung des nestorianischen Personbegriffs ist
Hefele voll zuzustimmen (287), ohne daß aber dabei seine
Kritik mitübernommen wird, an deren Stelle eine positive
Wertung tritt. Das Anliegen des Nestorius, der Singulari=
tät und wahrhaft ausgeprägten Persönlichkeit Jesu, wie
sie uns alle Schriften des NT vorstellen, gerecht zu wer=
den, kann nur nachdrücklich unterstützt werden. Aber von
dieser inhaltlichen Seite abgesehen, ist die terminologi=
sche Problematik nicht gelöst. Wenn πρόσωπον auf der einen
Seite auf der Ebene der zwei Naturen steht, eignet sich
der gleiche Begriff in sehr ungenügender Weise für die Um=
schreibung des einheitsschaffenden Prinzips bzw. der Per=
soneinheit. Diese Kritik, die sachlich gerechtfertigt ist,
gilt auch für Theodor. Der von diesem und Nestorius ver=
wendete Begriff der συνάφεια, um die Einheit zwischen
beiden Naturen zu sichern, vermag in der Tat den Verdacht
einer Annahme von zwei Söhnen bei Nestorius nicht zu ent=
kräften.

Die Lösung des Problems und zugleich die Auflösung der
dargestellten Schwierigkeiten liegt allein in einer Auf=
gabe der Zweinaturenlehre. (288) Sie macht den Weg zur
dogmatisch unvoreingenommenen Betrachtung der neutesta=
mentlichen Person Jesu frei und schafft so die Möglich=
keit, anstelle der konstruierten Verbindung einer mensch=
lichen mit einer göttlichen Person in wiederum einer Per=
son die Person Jesu in ihrer einzigartigen Beziehung zum
personalen Gott für eigene persönliche personale Gottes=
beziehung in den Blick zu bekommen.

Geprägt durch eine vierhundertjährige einseitige christo=
logische Orientierung an der Gottheit Jesu war für Nesto=
rius diese Sicht versperrt. Die hinzukommenden terminolo=
gischen Unklarheiten verschärften den Konflikt. Eine of=
fizielle begriffliche Klärung erfolgt erst in Chalkedon.
Die dort gewählte Definition unterscheidet sich kaum
von der eingangs zitierten Formel des Nestorius. Da beide
im Rahmen der Zweinaturenlehre geprägt sind und den glei=
chen Personbegriff verwenden, selbst wenn dieser teilwei=
se verschiedene Inhalte abdeckt, ist es verständlich, daß
Nestorius auch nach seiner Verbannung von der eigenen

Rechtgläubigkeit überzeugt ist, wie es sein Liber Heracli=
dis bezeugt. (289) Die christologische Studie von Fendt
kommt trotz des häufig schillernden Personbegriffs bei Ne=
storius zu dem eindeutigen Ergebnis, daß dieser kein haere=
tischer, sondern ein orthodoxer Theologe war: " E i n
Prosopon und darunter vereinigt zwei vollständige Naturen:
das ist die Lehre des Nestorius von der Union." (290)

4. $\overset{\text{''}}{\epsilon}$νωσις φυσικῇ oder $\overset{\text{''}}{\epsilon}$νωσις καθ' ὑπόστασιν in der
Orthodoxie: Kyrill

Kyrill von Alexandrien wurde 412 als Nachfolger seines On=
kels Theophilus Patriarch von Alexandrien. Im Jahre 429
nahm Kyrill in seinem Osterfestbrief gegen Nestorius Stel=
lung und eröffnete damit den christologischen Kampf.

Um die Einheit des Gottmenschen zu umschreiben, benutzt
Kyrill die Formel von der $\overset{\text{''}}{\epsilon}$νωσις φυσικῇ, die er auf Atha=
nasius zurückführen wollte, welche aber inzwischen zum
Kennwort der Haeresie des Apollinaris geworden war. (291)
Es trifft zu, daß Athanasius in seiner Schrift "De incar=
natione Dei Verbi" ausdrücklich z w e i Naturen in Jesus
ablehnte und statt dessen die e i n e fleischgewordene
Natur des Gott-Logos, der wahrer Gott ist, hervorhob: " Οὐ
δύο φύσεις ... ἀλλὰ μίαν φύσιν τοῦ Θεοῦ λόγου σεσαρκωμέ-
νην ... ἀληθινὸν θεόν ..." (292) Diesen Sprachgebrauch hat
Apollinaris von Athanasius übernommen, ihm aber durch sei=
ne Leugnung des νοῦς einen anderen Akzent verliehen. Daß
Kyrill trotz dieser Tatsache, zumal er sich selbstver=
ständlich in keiner Weise als Apollinarist fühlte, die
apollinaristische Formel, obwohl sie einen anders gela=
gerten christologischen Inhalt abdeckt, für akzeptabel
hält, darf einmal mehr als Beweis für die terminologische
Offenheit auch der theologischen Begriffssprache geltend
gemacht werden. Die langsame Entwicklung, bis sich eine
anerkannte Sprachregelung allgemein einbürgert, wie sie
für die Sprachgeschichte überhaupt kennzeichnend ist,
läßt sich in diesem Zusammenhang am dargestellten Gebrauch
der zitierten Formel von Athanasius bis Kyrill ablesen und
sogleich auf die Ebene der Dogmengeschichte und ihrer Ent=
wicklung übertragen. Während für Athanasius z.Zt. des ni=
zänischen Konzils noch keine offizielle Klärung der Be=
griffe οὐσία, ὑπόστασις, und φύσις vorgelegen hatte (293),
hat sich auch bei Kyrill noch nicht die inzwischen längst
von den Kappadokiern vorgenommene Unterscheidung zwischen
den genannten Termini durchgesetzt. Wie für die Zeit des
4. Jhs. so ist auch noch für die erste Hälfte des 5. Jhs.

φύσις als Ausdruck für "Person" eine übliche Bezeichnung.

Die Verwischung der Unterschiede zwischen οὐσία , ὑπό =
στασις und φύσις sowohl auf seiten Kyrills als auch des
Nestorius mußte eine Verständigung erschweren. Konsequent
dagegen zeigen sich beide im Gebrauch der Termini, die
für die von ihnen vertretenen Schulen typisch sind. Welche
Motive Nestorius innerhalb der antiochenischen Tradition
bewegten, als Personbegriff φύσις zurückzuweisen, wurde
bereits dargestellt. (294) Kyrill kontert mit Ablehnung
der Einheit des πρόσωπον. Er verneint einerseits das Zu=
standekommen der Einheit beider Naturen bei bloßer An=
nahme einer äußeren Erscheinungsweise(!), andererseits
wendet er sich im 2. Brief an Nestorius gegen dessen For=
mulierungen, daß das Wort eine Person hinzugenommen habe:
"... οὐδὲ ὡς ἐν προσλήψει προσώπου μόνου (non ... per
solam p e r s o n a e assumptionem)". (295) Die Vor=
stellung, daß im Personbegriff die alte Bedeutung "Maske"
mitschwingt, ist nicht auszumerzen. Die nestorianische
Wortkombination "persona hominis" für christologische
Zusammenhänge wurde bereits berechtigter Kritik unterzo=
gen. (296) Als Vermittlungsformel gegenüber einer ἔνωσις
κατὰ θέλησιν μόνην oder κατ᾽ εὐδοκίαν führt Kyrill zum
ersten Mal eine ἔνωσις καθ᾽ ὑπόστασιν in die Christolo=
gie ein. Nestorius ist bereit, diese unter der Voraus=
setzung zu akzeptieren, daß ὑπόστασις wie πρόσωπον ver=
standen wird. (297) So kommt es bei Nestorius zu dem
merkwürdigen Ausdruck φυσικὸν καὶ ὑποστατικὸν πρόσωπον . (298) Das unterschiedliche Vorverständnis und die
nicht eindeutig geklärte Terminologie sorgen dafür, daß
sich die Verständigungsbemühungen im Kreise drehen.

Grillmeier sieht eine Parallele zu Kyrills ἔνωσις φυσική
in Augustins Formulierung " n a t u r a l i t e r   ha=
bere et agere personam Sapientiae". (299) Dieser Gedanke
läßt sich noch erweitern. Bei Augustinus und Kyrill wird
die Einheit in Christus auf Kosten der Wirklichkeit des
Menschseins aufgebaut. (300) Der antiochenischen Logos-
Anthropos-Christologie steht das alexandrinische Logos-
Sarx-Schema entgegen. (301) Kyrill bekennt es offen in
Dialog I, daß der Gott-Logos Fleisch geworden ist, aber
nicht in einen Menschen eingegangen ist (302): "τουτ =
ἔστιν, ὅτε θεὸς ὢν ὁ λόγος, γέγονε σάρξ, κατὰ τὰς Γραφὰς,
καὶ οὐκ ἐν ἀνθρώπῳ γέγονε, καθὰ καὶ ἐν τοῖς ἁγίοις,
οἷς κατὰ μέθεξιν ἐναυλίζεται τὴν διά γέ φημι τοῦ
ἁγίου Πνεύματος ." (303) Die Unterscheidung der ande=
ren Menschen in ihrer Verbindung zu Gott liegt in der
μέθεξις. In der gleichen Weise fährt Augustinus bei der
Interpretation der oben zitierten Stelle des Gal-Briefes
fort: Die ἅγιοι Kyrills sind bei ihm die "filii p a r =
t i c i p a t i o n e Sapientiae" (304). Die Termini

μέθεξις - participatio geben noch einmal die Provenienz
des kyrillischen und augustinischen Denkens an, die in
der platonischen Philosophie besonders neuplatonischer
Ausprägung für beide zu suchen ist. (305)

V. Der Personbegriff auf dem Konzil von Chalkedon

1. Vorausgehender Einigungsversuch des Ostens: Unionssymbol von 433

Der Patriarch Johannes von Antiochien entsprach der Bitte
seines Freundes Nestorius, die Widerlegung der zwöf Ana=
thematismen Kyrills dem Bischof von Kyros, Theodoret, so=
wie seinem Amtsbruder Andreas von Samosata zu übertra=
gen. (306) Während Andreas ein ganzes Buch gegen die Ana=
themata Kyrills geschrieben hat und sich auch bei ihm in
seiner auffallend antiochenisch geprägten Lehre schon die
chalkedonensische Unterscheidung von der einen Hypostase
(Prosopon) und den zwei Naturen findet (307), ist Theodo=
ret aller Wahrscheinlichkeit nach als Verfasser des Sym=
bolum der Wiedervereinigung anzusehen. (308)

Theodoret (393-466) gilt als der letzte große Exeget der
Antiochenischen Schule. In seinem Text des Unionssymbols
kommt er zu folgenden Aussagen über Jesus: " ὁμοούσιον
τῷ πατρὶ τὸν αὐτὸν κατὰ τὴν θεότητα, καὶ ὁμοούσιον ἡμῖν
κατὰ τὴν ἀνθρωπότητα. Δύο γὰρ φύσεων ἕνωσις γέγονε. Διὸ
ἕνα Χριστὸν, ἕνα υἱὸν, ἕνα κύριον ὁμολογοῦμεν." (309)
Die Vereinigung geschieht ohne Vermischung (τῆς ἀσυγ-
χύτου ἐνώσεως)(310) die beiden Naturen kommen in einer
Person zusammen (ὡς ἐν ἑνὶ προσώπῳ - in una persona)(311).
Die Unverletzlichkeit der Gottheit bleibt als altes an=
tiochenisches Motiv (312) auch in diesem Symbolum erhal=
ten. Sie bildet die Basis für die Verständigung der Kon=
trahenten. Dagegen bedeutet die ὁμοουσία nach b e i d e n
Seiten hin eine echte Aufwertung der von den Antiochenern
mit Nachdruck vertretenen Menschheit Jesu. Zugleich wird
Kyrill dadurch entgegengekommen, daß ein deutliches Be=
kenntnis zum e i n e n Herrn erfolgt und in diesem Zu=
sammenhang auch das antiochenische "einer und ein anderer"

zugunsten der Aussage, daß "derselbe" Gott und Mensch ist, abgelegt wird. Kyrill akzeptiert diesen christologischen Entwurf, nachdem er die Unmöglichkeit, von e i n e r N a t u r zu sprechen, eingesehen hatte. (313)

Die Einheit, die sich auf ein e i n z i g e s π ρ ό - σ ω π ο ν bezieht, ist offiziell anerkannt. (314)

2. Dogmatische Grundlegungen in der Christologie des Westens: Epistula dogmatica Pp.Leos

Pp.Leo, der schon als Erzdiakon seines Vorgängers Caele= stinus bei der Verurteilung des Nestorius eine Rolle ge= spielt hatte, sandte am 13. Juni 449 einen ausführlichen Brief fast ausnahmslos christologischen Inhalts an den Patriarchen von Konstantinopel Flavian. Diese Epistula dogmatica wird deshalb auch Tomus ad Flavianum genannt. Absicht der ausführlichen christologischen Darlegungen war es, zu einer Klärung zwischen den Parteien Flavians und Eutyches' auf dem Konzil von Ephesos 449 beizutra= gen. (315)

Die Hauptanklage gegen Eutyches lautete, daß er v o r der Einigung z w e i Naturen lehre, sich aber n a c h der Einigung nur zu e i n e r Natur bekenne: " ὁμολογῶ ἐκ δύο φύσεων γεγενῆσθαι τὸν κύριον ἡμῶν πρὸ τῆς ἑνώσεως. μετὰ δὲ τὴν ἕνωσιν μίαν φύσιν ὁμολογῶ." (316) Läßt man die begriffliche Problematik beiseite, daß sich hier auf der alexandrinischen Seite φύσις ebenso wie auf der antiochenischen verschiedentlich bei Nestorius πρό- σωπον als gleicher Terminus für die Umschreibung der Ein= heit und Zweiheit als äußerst ungeeignet erweist (317) und bei Eutyches in seiner Terminologie der Monophysitis= mus klar hervortritt (318), kann dennoch der Einspruch des Eutyches, daß er die Zweinaturenlehre nicht in der Schrift gefunden habe, kaum widerlegt werden. (319)

Grillmeier beurteilt das Glaubensbekenntnis Flavians von 448 dahingehend, daß es mit seiner Hervorhebung der zwei Naturen in einer Hypostase und einer Person (ἐκ δύο φύσεων... ἐν μιᾷ ὑποστάσει καὶ ἐν ἑνὶ προσώπῳ)(320) eine Mittellinie zwischen alexandrinischer und antiochenischer Christologie einnimmt. (321) In dieser ausgewogenen Sicht trifft es sich als östlicher Beitrag mit der von westli= cher Tradition gespeisten Epistula dogmatica Leos. Beide Dokumente werden deshalb zu den christologischen Haupt= quellen für das Chalcedonense. (322)

In seinem berühmten 28. Brief an Flavian prägt Pp.Leo die
entscheidende christologische Formulierung, die in Chalke=
don zur Definition erhoben wird: "salva igitur proprieta=
te u t r i u s q u e n a t u r a e e t s u b =
s t a n t i a e , et in u n a m coeunte p e r s o =
n a m . (323) Leos Tomus kommt keine Originalität zu, son=
dern es geht in seine christologischen Ausführungen und
Termini die gesamte westliche Tradition der Zweinaturen=
lehre von Tertullian über Hilarius, Ambrosius und Augu=
stinus ein. (324) Als Beweis für die vorhandene starke
Verbundenheit mit der Tradition kann die Synode zu Mai=
land 451 angeführt werden, die die Epistula dogmatica mit
der Begründung annimmt, sie entspreche der Lehre des Am=
brosius: "omnibus... sensibus convenire, quos beatus Am=
brosius de Incarnationis dominicae mysterio suis libris...
inseruit. " (325) Das Zitat läßt den Schluß zu, daß neben
der engen lokalen Bindung an Ambrosius die Autorität der
Lokalkirche zu dieser Zeit noch unangefochten zu sein
scheint, obwohl gerade durch Leo ein gewisser römischer
Zentralismus in die Kirche einging. (326)

Bei der Behandlung Tertullians wurde bereits auf die große
Nachwirkung der Begrifflichkeit seiner christologischen
Formeln hingewiesen. (327) Die oben angeführte christolo=
gische Formel aus Leos Brief stimmt fast wörtlich mit den
Aussagen Tertullians in seinen Schriften "Adversus Pra=
xean" 27. 29 und "De carne Christi" 5 überein, auch wenn
Leo Tertullian selbst nicht ausdrücklich als Quelle an=
gibt. (328) Obwohl sich in der Christologie durch den Ein=
fluß Augustins die utraque n a t u r a gegenüber der
substantia durchgesetzt hat (329), fügt Leo den tertullia=
neischen Ausdruck, um weiteren Mißdeutungen vorzubeugen,
hinzu. Anstelle von Tertullians duplex status spricht Leo
von der duplex forma. Bei ihm wird deshalb nicht nur in
der Vorstellung von einem einseitig dogmatisch interpre=
tierten biblischen Denkmodell her, sondern auch im dritten
und vierten Kapitel begrifflich die Zweinaturenlehre mit
dem Phil-Hymnus verknüpft: "Tenet enim sine defectu pro=
prietatem suam u t r a q u e   n a t u r a ; et sicut
f o r m a m s e r v i D e i f o r m a non adimit;
ita f o r m a m D e i s e r v i f o r m a non
minuit." Forma wird so geradezu zum christologischen Zen=
tralbegriff.

Schwerdt, der bei einer inhaltlichen Zusammenfassung älte=
rer Literatur die Auffassung wiedergibt, daß der Einfluß
von Ambrosius auf Leo größer sei als derjenige Augu=
stins (330), trifft damit zumindest nicht ein sachlich ge=
rechtfertigtes Urteil bezüglich des Personbegriffs, da wir
bei Ambrosius noch auf eine beträchtliche Unsicherheit ge=
genüber einer eindeutigen und einheitlichen Verwendung die=
ses Terminus in der Christologie gestoßen sind. (331)

Der konsequente Gebrauch von persona in der Christologie liegt nach Tertullian erst wieder in den späten christolo= gischen Ausführungen Augustins vor (332). An den augusti= nischen Sprachgebrauch des Personbegriffs kann sich Leo anschließen. Daß er seinerseits den Terminus persona für Christus mit der ausdrücklichen Betonung weiterentwickelt, daß die Naturen der einen Person in wechselseitiger Ge= meinschaft wirken, was bei Ambrosius fehlt, kann nicht ge= leugnet werden. (333)

Über den christologischen Personbegriff Augustins hinaus macht Grillmeier noch den augustinischen Einfluß auf Leo besonders in zwei Punkten deutlich. (334) Die augustini= sche Betrachtung Jesu als mediator dei et hominum liegt auch der stark soteriologisch inspirierten Epistula dog= matica Leos zugrunde. Im dritten Kapitel findet sich die gleiche Formulierung. Hinzu kommt ein (neu-)platonischer Einfluß bei durchgeführten Vergleichen in der Christolo= gie: Gottheit und Menschheit werden in Jesus vereint wie Seele und Körper. (335)

Auf dem Boden des Neuplatonismus ist für Leo auch eine grundsätzliche Einigung mit Kyrill möglich, auch wenn Leo große Verständnisschwierigkeiten hatte, daß die Griechen φύσις, im Sinne von persona gebrauchen konnten und er auch das ἐκ (φύσεων) bei Flavian und Kyrill zurückweisen muß= te. (336) Nestorius wird von Leo in Epist. 28 überhaupt nicht genannt, dagegen in Epist. 30 insofern negativ be= urteilt, daß er in Jesus nur einen bloßen Menschen ge= sehen habe. Die Ablehnung des Nestorius macht deutlich, daß sich Leo im Gegensatz zu einer gewissen Kompromißbe= reitschaft bei Flavian in keiner Weise der antiocheni= schen Christologie verbunden weiß, sondern geprägt durch die lateinische Tradition im Anschluß an Ambrosius und Augustinus beeinflußt durch deren neuplatonisches Denken der Schule von Alexandrien viel näher steht. Diese Tat= sache erleichterte eine gedankliche, wenn auch nicht exakt terminologische Verständigung mit Kyrill. Eine kur= ze, auf den biblischen und philosophischen Prolegomena dieser Arbeit (337) aufbauende kritische Analyse einiger Formulierungen des Tomus Leonis soll das noch eingehender begründen. Sie bedeutet zugleich eine Untersuchung des in= zwischen festgelegten kirchlichen Sprachgebrauches.

Eine zeitlich und historisch verstandene Praeexistenz bil= det die grundsätzliche Voraussetzung der Christologie in der epistula. Damit ist von vornherein die Sichtweise der Christologie "von oben" mitgegeben. Sie ist ausdrücklich fixiert durch den Ausdruck d e s c e n d e n s im vierten Kapitel. Dieser Descendenzchristologie entspricht die von oben nach unten führende Linie der platonisch-neuplatoni= schen Seinslehre. Zu ihr gehören die im zweiten und vier=

ten Kapitel aufgezählten Prädikate aeternus, coaeternus,
sempiternus, non mutatur, incomprehensibilis und omnipo=
tens.

Bei der Einordnung in die Trinitätslehre hat sich inzwi=
schen der augustinische Sprachgebrauch durchgesetzt: der
Filius ist "non divisus e s s e n t i a (patris)".
Essentia und nicht mehr Tertullians substantia ist von nun
als Übersetzung für οὐσία anzusehen. (338)

Der Praeexistenz entspricht die für Leo selbstverständli=
che, ebenso im zweiten und vierten Kapitel getroffene
Feststellung, daß Empfängnis und Geburt keine Beeinträch=
tigung der Jungfrauenschaft Mariens darstellen. Eine Un=
versehrtheit gilt allerdings auch für die menschliche Na=
tur Jesu. Mit diesem Gedanken, den man nach anfänglichen
Bedenken (339) auch in Chalkedon aufgreift, wird im drit=
ten Kapitel die wichtige christologische Formel erläu=
tert: "In integra ergo viri hominis perfectaque natura
verus natus est Deus, totus in suis, totus in nostris."

Menschheit und Gottheit werden zwar einander gegenüberge=
stellt, aber letztere steht an erster Stelle; denn Gott
ist ja geboren worden. Der durch die Menschwerdung Gottes
gegebenen zeitlichen Priorität für die Gottnatur ent=
spricht ihre Wertung. Zur Bekräftigung von Jesu Gottheit
werden überdies seine Wunder im vierten Kapitel angeführt.
Der letztgültige Schriftbeweis für Jesu Gottheit ist auch
für Leo im gleichen Kapitel Joh 1, 1. Die beiden anderen
"klassischen" Stellen des JohEv 10, 30 "Ich und der Vater
sind eins" und 14, 28 "Der Vater ist größer als ich" wer=
den der göttlichen und menschlichen Natur zugeordnet. In
ihrer Kombination ergeben sie für Leo neben dem Phil-Hym=
nus eine zusätzliche, vermeintlich von der Schrift legi=
timierte Grundlage für die Zweinaturenlehre. Ganz auf der
Linie der Uminterpretation biblischer Vorstellungsweisen
und Termini wird im fünften Kapitel dreimal Menschensohn
im Sinne von Mensch verwandt. Die gleiche Problematik
ergibt sich für den Gottessohntitel.

Wie bei Origenes alle Ströme nachneutestamentlicher Lo=
goslehre zusammenfließen (340), so stellt auch Leos
Epistula dogmatica ein Konzentrat nachneutestamentlicher
Christologie dar, die trotz der streng durchgehaltenen
und unbedingt als positiv hervorzuhebenden Personeinheit
in Jesus (unitas personae in Kap. 5) und auch bei aller
recht häufig und gar nicht nur einseitig vorgenommenen
Berufung auf das NT (341), aber doch befangen durch das
von Ignatius eingeführte und von Tertullian begrifflich
ausgebaute Schema der Zweinaturenlehre zu einem typischen
Dokument der einseitig orientierten und vom neutestament=
lichen Kerygma sich immer mehr unterscheidenden dogmati=

schen Christologie der ersten vier Jahrhunderte wird.
Während das NT die heilsgeschichtliche Präsenz Gottes in
Jesus verkündet (342), besteht für Leo das zentrale Ge=
heimnis kirchlichen Glaubens in der Verkündigung der Zwei=
naturenlehre: "quia catholica ecclesia hac fide vivit, hac
proficit, ut in Christo Jesu nec sine vera divinitate hu=
manitas, nec sine vera credatur humanitate divinitas."(343)

3. Vereinigung östlicher und westlicher Tradition:
   Die christologische Glaubensdefinition

Für die Beurteilung des christologischen Teiles im Glau=
benssymbolum von Chalkedon (344) gelten die gleichen Kri=
terien wie für den Tomus Leonis. Was den Personbegriff
betrifft, so fällen die Konzilsväter eine eindeutige Ent=
scheidung zugunsten von ἕν πρόσωπον - una persona. Die
Verse 20 ff des chalkedonensischen Glaubensbekenntnisses
variieren die bekannte Stelle des oben zitierten Leo-
Briefes an Flavian (345): "... salva proprietate utrius=
que naturae et in u n a m p e r s o n a m atque sub=
sistentiam (εἰς ἕν πρόσωπον καὶ μίαν ὑπόστασιν) concur=
rente, non in duas personas (οὐκ εἰς δύο πρόσωπα)
partitum sive divisum..."Der über den Tomus Leonis hin=
ausgehende Zusatz καὶ μίαν ὑπόστασιν greift auf die chri=
stologische Formel Flavians zurück, während sein ἐκ δύο
φύσεων verworfen wurde. (346)

Die Vereinigung in Christus geschieht i n zwei Natu=
ren: "in duabus naturis inconfuse immutabiliter indivise
inseparabiliter (ἐν δύο φύσεσιν ἀσυγχύτως, ἀτρέπτως,
ἀδιαιρέτως, ἀχωρίστως) ..." (347) Die Lehre der Konzils=
väter, die sich der Tradition verpflichtet wissen, be=
deutet ein Bekenntnis zu Jesus Christus als wahrem Gott
und wahrem Menschen: "Sequentes igitur sanctos Patres,
unum eundemque confiteri Filium Dominum nostrum Iesum
Christum consonanter omnes docemus (348), eundem perfec=
tum in deitate, eundem perfectum in huminitate, D e u m
v e r e   et   h o m i n e m   v e r e , eundem ex anima
rationali et corpore, consubstantialem (ὁμοούσιον) Patri
secundum deitatem, et consubstantialem nobis eundem se=
cundum humanitatem..." (349)

Die Synodalen, die zunächst, vergleichbar der Synode von
Alexandrien 362 (350), nicht über den Glauben von Nikaia
hinausgehen wollten ("... praedicationem hanc ab initio
i m m o b i l e m   docens...")(351), sehen sich nicht nur
wegen des kaiserlichen Drucks gezwungen, gegen Versuche

des Doketismus und des teilweise verbreiteten alexandrini=
schen Monophysitismus dem Anliegen der antiochenischen
Christologie Rechnung zu tragen und ein unverkürztes
Menschsein Jesu hervorzuheben. Mit ihrer Erweiterung des
nizänischen Glaubens widersetzen sie sich auch damals
schon vorhandenen Beharrungstendenzen bei der Verkündigung
bereits formulierter Lehre und liefern damit zugleich ein
Beispiel für die in der frühen Kirche noch mögliche Dog=
menentwicklung. (352)

Von diesem dogmatischen Ansatz war die vorliegende Arbeit
ausgegangen. Die Berechtigung, über ihn auch inhaltlich,
konkret in Bezug auf die Zweinaturenlehre hinauszugreifen,
verlieh ihr die Priorität des exegetischen Befundes vor
der dogmatischen Spekulation. Die jüngsten Ergebnisse der
exegetischen Forschung, die bisher nur in minimaler Weise
Eingang in die kirchliche Dogmatik gefunden haben, ermög=
lichen es, die Dogmen neu zu überprüfen und innerhalb der
Dogmengeschichte im Hinblick auf die Christologie gerade
nicht bei Chalkedon stehen zu bleiben, sondern seine chri=
stologische Definition in ihrem Verhältnis zum NT ebenso
kritisch zu befragen wie dieses selbst.

Kritische Anmerkungen, daß mit dem Einzug der lateinischen
Sprache in die offizielle amtliche kirchliche Verkündigung
die metaphysische Statik der vom griechischen Denken ge=
prägten nachneutestamentlichen Tradition noch verstärkt
wurde und der Blick gleichzeitig zu sehr auf eine "forma=
le" Beschaffenheit des Gottmenschen gelenkt gewesen sei,
sind schon früher getroffen worden. (353) Gegenüber dieser
gleichsam noch äußeren Betrachtungsweise sollten die voran=
gegangenen Darlegungen verdeutlichen, daß es in der nach=
neutestamentlichen Entwicklung bis zum Konzil von Chalke=
don auch zu einer i n h a l t l i c h e n Veränderung
gekommen ist, selbstverständlich mitbedingt durch die
Aufnahme einer anderen Sprache mit dem ihr eigenen Denken
und Verstehenshorizont. Weder eine Exegese der für die
nachneutestamentliche Christologie zentralen Stellen aus
dem JohEv und dem Phil-Brief noch die Gesamtkonzeption
des NT konnte sich für eine Gottheit Jesu aussprechen,
sondern nur für eine Offenbarung Gottes im Menschen Je=
sus. (354) Nach dem NT ist Jesus im Unterschied zur chal=
kedonensischen Glaubensdefinition n i c h t "wahrer
Gott" (355). In seiner einzigartigen und absoluten Bezo=
genheit auf Gott ist Jesus "wahrer Mensch" (356). Von der
neutestamentlichen Christologie her ist deshalb der nahe=
liegende, traditionellem dogmatischen Denken verhaftete
Vorwurf des Nestorianismus von vornherein zurückzuweisen.
Die Interpretation neutestamentlicher Christologien "von
unten" hätte niemals zu einem G o t t -Menschen, einer
Person in zwei Naturen führen können, sondern nur zum
M e n s c h e n Jesus, dessen besonders inniges Gottes=

verhältnis allerdings einmalig ist. (357)

Im christologischen Teil seines bereits genannten Bu=
ches (358) versucht Schoonenberg wie bei seinen Studien
zur Trinitätslehre (359) die biblische Christologie zur
Basis seiner Überlegungen zu machen. "Gott ist kein Kon=
kurrent, Gott entfremdet und verfremdet nicht, sondern
vermenschlicht uns durch sein menschgewordenes Wort...
Unsere Vergöttlichung ist unsere Vermenschlichung; ...
denn Jesu göttliche Sohnschaft ist sein Menschsein bis
zum Letzten." (360)

Auf die Fülle der christologischen Gedanken, die Schoonen=
berg ausbreitet, sei in unserem Zusammenhang nur hingewie=
sen. Auf eine ausführliche, angemessene Würdigung muß ver=
zichtet werden. Lediglich an das, was in enger Beziehung
zur vorliegenden Arbeit steht, sei ohne Anspruch auf Voll=
kommenheit angeknüpft, zumal bei Schoonenberg der chri=
stologische Personbegriff in seinen Untersuchungen eine
wesentliche Rolle spielt. Dabei geht er zeitlich über
Chalkedon hinaus.

In der vorliegenden Untersuchung wurde bewußt die Ge=
schichte des nachchalkedonensischen Personbegriffs nicht
weiter verfolgt, weil es nicht das Hauptanliegen der vor=
angegangenen Ausführungen war, eine vollständige Begriffs=
geschichte des Terminus "Person" zu liefern, sondern die
terminologische Offenheit des Personbegriffs v o r Chal=
kedon aufzuzeigen als solide Basis für ein neues Verständ=
nis von Dogmenentwicklung und Dogmengeschichte. In diesem
Kontext dürfen deshalb sowohl Boethius als auch Leontius
von Byzanz, die beide für die Weiterentwicklung von "Per=
son" eine beträchtliche Rolle spielen, unberücksichtigt
bleiben. Dagegen muß kritisch gegen Schoonenberg (361) an=
gemerkt werden, daß gerade die zunehmende Entwicklung
einer Praeexistenzchristologie in der nachbiblischen Theo=
logie, die Traditionen, die zur chalkedonensischen Defini=
tion führten, entscheidend prägten. Diese Tendenz wird
nicht erst im Neuchalkedonismus sichtbar. Die Genese dieses
Sachverhaltes wurde ausführlich dargestellt.

Auch sei gegenüber Schoonenbergs traditionellen Erklärun=
gen der ursprünglichen Bedeutung von πρόσωπον und persona
als "Maske" (362) auf die ausführlicheren Angaben in die=
ser Arbeit hingewiesen. (363)

Das oben angeführte Zitat Schoonenbergs umschreibt die
göttliche Sohnschaft Jesu "als Menschsein bis zum Letzten".
Diese heilsgeschichtlich inspirierte christologische Be=
stimmung wird trotz immer wieder neuer Ansätze auf neute=
stamentlicher Grundlage keineswegs konsequent durchgehal=
ten, wenn Schoonenberg z.B. definiert: "Christus ist auch

als Mensch Gottes eigener, n a t ü r l i c h e r (364)
Sohn." (365) Zu dieser Aussage paßt die Aufrechterhaltung
der Jungfrauengeburt im Anschluß an Lk 1, 35: "Die jung=
fräuliche Zeugung Jesu kann dort auch so aufgefaßt werden,
daß sie einerseits für uns ein Grund ist, Jesus als Sohn
des Allerhöchsten anzuerkennen, während sie andererseits
eine Folge von Jesu göttlicher Sohnschaft oder mindestens
seiner Praeexistenz als Pneuma ist. Insofern hat die spä=
tere Tradition nichts Unberechtigtes getan, als sie beide
Denkmodelle miteinander verband." (366)

So wenig wie einerseits das nachneutestamentliche Verständ=
nis von Jungfrauengeburt und Praeexistenz durch neutesta=
mentliche Christologie legitimiert ist, so bedeutet ande=
rerseits "Sohn Gottes" in der nachneutestamentlichen Chri=
stologie mehr als nur "Verbundenheit mit dem Vater", wie
Schoonenberg selbst erklärend zufügt: "Diese (Verbunden=
heit) ist zur Einheit des göttlichen W e s e n s (367)
geworden, und zwar durch Anwendung... des Modells der
Praeexistenz. In der nachbiblischen Tradition sehen wir den
Logos des Johannesprologs schon in seiner Praeexistenz im=
mer deutlicher zum Sohn und also zur Person beim Vater
werden." (368)

Von dieser nachbiblischen Interpretation unterscheidet sich
allerdings nicht Schoonenbergs Hermeneutik neutestamentli=
cher Praeexistenztexte: "So will der ganze Prolog sagen,
wer der Jesus des Johannesevangeliums ist; Jesus spricht
von seiner Herrlichkeit vor (Beginn) der Welt, um sie
jetzt vom Vater zu erhalten." (369) Wie soll diese "per=
sönliche Praeexistenz" (370) verstanden werden? An anderer
Stelle erklärt sie Schoonenberg als "ein zeitliches Bild
für die Transzendenz." (371) Diese Auslegung kommt auf der
einen Seite unserem modernen Glaubensverständnis nahe. Auf
der anderen Seite dürfte gerade der Transzendenzbegriff,
wie wiederholt aufgezeigt, den funktionalen biblischen Aus=
sagen wenig entsprechen, in keiner Weise der Praeexistenz=
vorstellung des johanneischen Prologs gemäß sein. Fast
fühlt man sich an die Exegese Augustins zum Joh-Prolog
erinnert und an seine damit verbundene Aufforderung zum
"transcendere". (372) Die Mahnung Augustins war ideenge=
schichtlich leicht im Neuplatonismus einzuordnen. Die ver=
schiedenen Traditionen können nicht exakt genug unter=
schieden werden.

So besteht auch ein Unterschied in den Aussageweisen von
der " g a n z e n Fülle" von Gottes Gegenwart in Jesus,
die der Joh-Prolog vermitteln will, und der "göttlichen
Natur", hinter der die zweite Person der göttlichen Drei=
faltigkeit steht. (373) Im Prinzip wird diese Diskrepanz
von Schoonenberg nicht bestritten. Umso auffälliger ist
deshalb letztlich sein Verbleiben im dogmatischen Denk=

horizont: "Sicherlich darf Jesus nicht weniger göttlich geglaubt und bekannt werden, als die Kirche es getan hat, auch vor allem in Chalkedon." (374)

Es ist ein Unterschied, ob Jesus wahrer Gott i s t , oder ob in ihm Gott " n a h e " ist. Nur die letzte Aus= sage deckt einen vom NT her legitimierten und richtig ver= standenen "göttlichen" Ursprung Jesu sachgemäß ab. (375) Dieser Versuch Küngs, die chalkedonensische Christusformel umzusprechen, ist sicher deshalb als geglückt zu betrach= ten, weil die Ausgangsbasis das NT und gerade nicht das Dogma bildet.

In ähnlicher Weise bezeichnet Schoonenberg in einer Erwi= derung auf christologische Gedankengänge K.Rahners die Aussage "Jesus i s t   Gott" als dynamische Identifika= tion. (376) Im Verstehenshorizont heutiger Terminologie könnte man dieser Auslegung zustimmen, vom Standpunkt des griechischen Seinsbegriffes muß man sie ablehnen. (377) Die vorliegende Arbeit hat ja gerade nachgewiesen, daß sich die S t a t i k griechischer Seinsphilosophie und nicht die Dynamik griechischer Werdephilosophie in der nachbiblischen Tradition durchgesetzt hat. (378)

So bemüht sich auch Knauer, der seinen Aufsatz zur kirch= lichen Christologie mit der Feststellung einleitet, daß man nach dem neutestamentlichen Befund Jesus nicht einfach mit Gott identifizieren kann, die Zweinaturenlehre zu erklären als "Unterscheidung zwischen der Unbegreiflich= keit Gottes und unserem menschlichen Wirklichkeitshori= zont" (379). Darin ist ein berechtigter Versuch zu sehen, das Dogma von Chalkedon für die Gegenwart verständlich zu machen. (380) Nur steht diese Interpretation, die zugleich das Mysterium einer Offenbarung Gottes im Menschen zu um= schreiben sucht, wie die Aktualisierung Küngs dem neute= stamentlichen Kerygma viel näher. Sie trifft von daher verständlicherweise kaum die gedankliche Ebene, auf der die Konzilsväter von Chalkedon zu ihren Aussagen kamen. Für die kirchliche Verkündigung bedeutet das keinen Nachteil. Eine Bestimmung des geistigen Standortes der chalkedonensischen Zweinaturenlehre darf aber nicht auf die Einbeziehung der historischen Dimension verzichten. Nur eine auch histo= risch exakte Betrachtung ermöglicht es, Gemeinsamkeiten und Unterschiede zwischen neutestamentlicher und chalkedonen= sischer Christologie aufzuzeigen, wie die Darstellung der Genese der Glaubensdefinition deutlich machen sollte.

Eine streng historische Betrachtung erfordert freilich auch eine den historischen Gegebenheiten gerecht werdende Beur= teilung. Es müßte deshalb als ungeschichtliches Denken ver= urteilt werden,den Theologen der nachneutestamentlichen Christologie Mängel oder Versäumnisse anzulasten aufgrund

von Erkenntnissen, die uns mit Hilfe der historisch-kriti=
schen Forschung möglich waren. Wie jede Theologie von ihrem
Verkündigungsauftrag her gezwungen ist, sich der Sprache
ihrer Zeit zu bedienen, so mußte auch die nachneutestament=
liche Christologie auf die Sprache ihrer Umwelt zurückgrei=
fen. Diese bot keine andere Begrifflichkeit, und Denkmodel=
le standen nur solche platonischer oder aristotelischer
Provenienz zur Verfügung. Beide vereint der statische Cha=
rakter griechischer Philosophie. Durch die Übernahme dieser
philosophischen Vorstellungsweisen für die theologische
Spekulation war eine Relativierung biblischer Christologie
kaum vermeidbar. Sie wurde durch den beständig wachsenden
Einfluß des Neuplatonismus und dessen Hypostasendenken noch
verstärkt. Diese geistesgeschichtliche Analyse rechtfertigt
die christologische Entwicklung der frühen Kirche, sie be=
freit uns aber nicht von einer Neubesinnung.

VI.   <u>Dogmenentwicklung und Personbegriff</u>

Aufnahme, Ablehnung und Wiederaufnahme des christologi=
schen und trinitarischen Personbegriffs spiegelten sowohl
die Vielschichtigkeit als auch die daraus sich ergebenden
Verständnisvarianten in diesem Wort wider.

Die hinter diesem Sachverhalt sichtbare Sprachentwicklung
scheint auf ein typisches Indiz von Sprachgeschichte hin=
zuweisen, daß sich nämlich bestimmte Begriffe, nachdem sie
mit inhaltlich neuen Sinngebungen versehen worden sind,
erst langsam in der Terminologie dieser Sinnzusammenhänge
durchsetzen und dann erst nach wiederholten Ansätzen durch
eine allgemeine auf diese Begriffe bezogene Sprachregelung
anerkannt werden.

Wird diese Beobachtung auf den Abschnitt der Dogmenge=
schichte bis zum Chalcedonense übertragen, so laufen die
Linien auf der einen Seite von Tertullian, Hilarius, Am=
brosius, Augustinus über Leo, auf der anderen Seite,
selbst die gegensätzlichen Schulen vereinend, von Apolli=
naris, Theodor, Nestorius, Kyrill über Theodoret im Per=
sonbegriff der dogmatischen Definition von Chalkedon zu=
sammen.

Will man etwas schematisierend die Beiträge der griechi=
schen und lateinischen Tradition zum nachneutestamentli=
chen Personbegriff zusammenfassen, ist folgendes festzu=
stellen:

1. Formeln von Haeretikern werden orthodox. Das ἕν
    πρόσωπον findet sich bei Apollinaris, Theodor von
    Mopsuestia und Nestorius.
2. Umgekehrt werden haeretische Formeln von Orthodoxen
    benutzt. Der bei Nestorius kritisierte Begriff der
    persona hominis wird von Ambrosius und in seiner frü=
    hen Phase selbst von Augustinus verwendet, ganz abge=
    sehen von dessen haeresieverdächtigtem mixtura in
    der Christologie.

Über die terminologisch begrenzte Betrachtung hinaus ver=
raten die in Chalkedon sich vereinenden Traditionen öst=
licher und westlicher Provenienz die gleiche geistesge=
schichtliche Prägung:

1. Auf der griechischen Seite setzt sich die alexandri=
    nische Schule mit ihrer (neu-)platonischen Tradition
    durch. Die in ihr ausgebaute Logosspekulation durch=
    zieht die gesamte nachneutestamentliche Christologie.
    Die monophysitischen Tendenzen umgreifen sowohl die
    Lehre des Apollinaris wie Kyrills und begünstigen in
    entscheidendem Maße die Sicht der Christologie "von
    oben".
2. Auf der lateinischen Seite zeigt sich Augustins Chri=
    stologie mit stark neuplatonischen Anschauungen ver=
    mischt, auch wenn ihr Einfluß in den späten Werken
    gegenüber den Frühschriften etwas zurücktritt. Auf=
    grund des Schriftstudiums wird zwar die unverkürzte
    Menschheit Jesu betont, aber dennoch bleibt die augu=
    stinische Christologie mäßig biblisch inspiriert ge=
    genüber der nachhaltig neuplatonisch gefärbten Lo=
    goschristologie, die selbstverständlich Christologie
    "von oben" ist.

Indem sowohl Kyrills als auch über Leo Augustins Formeln
rechtgläubig werden, treffen sich in Chalkedon zwei
letztlich gleichartig, nämlich neuplatonisch geprägte
Traditionsströme, so daß unabhängig von einem Dissens
soziologischer Voraussetzungen, wie machtpolitischer Dif=
ferenzen und persönlicher Rivalitäten, vom gemeinsamen
Denk- und Verstehenshorizont her eine terminologische
Einigung relativ leicht möglich war.

Die unbestrittene Leistung der christologischen Glaubens=
definition von Chalkedon liegt in ihrer Hervorhebung der
echten ἑνότης der Hypostase, in ihrer Betonung der Per=

soneinheit in Jesus Christus. Die Denkstruktur der plato=
nischen Philosophie eignete sich vor allem mit Hilfe der
participatio vorzüglich, eine "Teilnahme" Jesu am Göttli=
chen sichtbar zu machen. Die Grenze des Denkmodells liegt
dort, wo man versucht, Historisches und Menschliches in
dieses Schema einzubeziehen. Hierfür bot sich mehr der von
der Antiochenischen Schule vertretene aristotelische An=
satz an, der es ermöglichte, auf die Betonung der Offen=
barung Gottes in Jesus als historisches Faktum hinzuwei=
sen. Die Grenze der aristotelischen Philosophie für die
Christologie liegt in der Schwierigkeit, eine Einheit zwi=
schen Göttlichem und Menschlichem zu denken. Diese singu=
läre Einheit verkörpert Jesus Christus als Gottes Offen=
barer und Heilbringer.

Seiner Person und der Verkündigung seiner frohen Botschaft
von Gottes liebender Zuwendung für diese Welt möchte die
nachneutestamentliche Christologie bei ihrer Reflexion
des neutestamentlichen Kerygma gerecht werden. Dabei erge=
ben sich Akzentverlagerungen terminologischer und daraus
resultierend auch inhaltlicher Art. Die mit dieser Ent=
wicklung in nachneutestamentlicher Sprache und Geistesge=
schichte gegebene Wandelbarkeit der Begriffe und Vorstel=
lungsweisen sollte, ausgehend von der neutestamentlichen
Christologie, für die Dogmengeschichte fruchtbar gemacht
werden und zu einem neuen Verständnis von Dogmenentwick=
lung führen.

Gleichzeitig sollte mit diesem Beitrag die Möglichkeit ge=
schaffen werden, daß die bis Chalkedon vorhandene Offen=
heit auch der bereits offiziell kirchenamtlich definierten
theologischen Begriffe über Chalkedon hinaus für die Chri=
stologie und die Dogmen überhaupt vom Lehramt der Kirche
approbiert und damit Orthodoxie selbst zu einem offenen
Begriff wird.

Zur Einführung: Neues Verständnis von Dogmenentwicklung

1) Im Zusammenhang mit der Unfehlbarkeitsdebatte der letz=
ten Jahre wurde selbstverständlich auch die Diskussion
um die Dogmenentwicklung neu entfacht. Zur grundsätz=
lichen Problematik von (unfehlbaren) Glaubenssätzen in
der Kirche vgl. H.Küng, Unfehlbar? Eine Anfrage (Zürich-
Einsiedeln - Köln 1970) darin bes. III 2 u. IV. Mit der
vom gleichen Verfasser herausgegebenen Bilanz der Un=
fehlbarkeitsdebatte - Fehlbar? Eine Bilanz (Zürich -
Einsiedeln - Köln 1973) - darf seine Anfrage insofern
als weithin erledigt gelten, als sie einen erheblichen
Fortschritt und neue Klarheit bei der Behandlung dieser
Thematik brachte.
Neben den diesbezüglichen Art. in den theologischen Le=
xika vgl. u. a. die jüngst erschienenen Bücher zum
Verständnis des Dogmas in der katholischen Kirche:
H.Feld, H.Häring, F.Krüger, J.Nolte, Grund und Grenzen
des Dogmas. Zur Funktion von Lehrsätzen (Freiburg 1973;
Lit.!) u. L.Scheffczyk, Dogma der Kirche - heute noch
verstehbar? (Berlin 1973).
Wegweisend und die heute allgemein anerkannten Ergeb=
nisse bereits vorwegnehmend P.Schoonenberg (Hrg.), Die
Interpretation des Dogmas (Düsseldorf 1969).

2) Für das Verhältnis Geschichtlichkeit Gottes - Ge=
schichtlichkeit des Menschen vgl. H.Küng, Menschwer=
dung Gottes. Eine Einführung in Hegels theologisches
Denken als Prolegomena zu einer künftigen Christologie
(Freiburg - Basel - Wien 1970) VIII 2: Die Geschicht=
lichkeit Gottes. P.Schoonenberg, Die Interpretation des
Dogmas (s. Anm. 1) 58 - 110.

3) Eine Gefahr der Zerstörung der Welt und des Menschen
durch den Menschen hebt die grundsätzlich wie bisher
so auch weiterhin mögliche Entwicklung von Welt und
Menschheit nicht auf.

4) B.Welte, Die Lehrformel von Nikaia und die abendlän=
dische Metaphysik; in: H.Schlier, F.Mußner, F.Ricken,
B.Welte, Zur Frühgeschichte der Christologie, Quaest.
disp. 51 (Freiburg - Basel - Wien 1970) 100 - 117;
Zit. 104. A.Adam geht dem Gedanken nach, daß auch das
Sprachdenken seine Geschichte hat, sich mit dem Wachs=
tum jeder Sprache wandelt und mit dem Altwerden der
Sprache bestimmte Züge verliert, während andere sich
verhärten. A.Adam, Lehrbuch der Dogmengeschichte, Bd. I
Die Zeit der alten Kirche (Gütersloh 1965) 92 f.

Deshalb darf auch die Kontinuität christlichen Glau=
bens nicht mißverstanden werden als neues "Verstehen"
nicht mehr gerechtfertigter Aussagen. H.Häring, Zur
Vollmacht kirchlichen Redens; in: Grund und Grenzen
des Dogmas (s. Anm. 1) 54 f.

5) Pp.Paul VI., Enzyklika "Mysterium Fidei", AAS 57, 2
(1965) 753 - 775; dt. nach der Übersetzung der KNA,
Bonn (Recklinghausen 1965).

6) AaO 7 f.

7) Pp.Paul VI., Declaratio "Mysterium Ecclesiae",
AAS 65 (1973) 386 - 408.

8) Zu den unter Anm. 1 erwähnten Werken des Verfassers
ist an dieser Stelle noch sein Buch "Die Kirche"
(Freiburg - Basel - Wien [3]1969) anzugeben; vgl. den
Beginn der Declaratio: "Mysterium E c c l e s i a e ".
Die ekklesiologischen Betrachtungen bleiben jedoch in
unserem Kontext unberücksichtigt.

9) AAS 65 (1973) 402.

10) AaO 403.

11) AaO 402.

12) AaO 402 f.

13) AaO 404.

14) Ebd.

15) Vgl. die Besprechung der Declaratio "Mysterium Eccle=
siae" durch Mario von Galli; in: Orientierung 13/14
(Zürich 1973) 150 - 152.

16) H.Küng, Menschwerdung Gottes 612. Zur grundsätzlichen
Offenheit der nizänischen Formulierung sowohl zur Ver=
gangenheit als auch zur Zukunft hin vgl. W.C.H.Driessen,
Dogmeninterpretation in der frühen Kirche; in: P.Schoo=
nenberg, Die Interpretation des Dogmas (s. Anm. 1)
138 - 16o. bes. 144. 159. Die Tatsache, daß wir es bei
dem nizänischen Symbol mit der ersten dogmatischen De=
finition der Kirche zu tun haben, diskutiert I.O. de
Urbina, Nizäa und Konstantinopel (Mainz 1964) 1o3 ff.
Dennoch ist die Entscheidung des nizänischen Konzils
nicht ein Dogma im strengsten Sinn nach unserem h e u =
t i g e n vom I. Vaticanischen Konzil beeinflußten Ver=
ständnis; sie ist ein Bekenntnis. Selbst in Trient hat
der Begriff des "Dogma" noch eine unbestimmte Bedeu=
tung. Zur Entwicklung eines fest ausgeprägten Gebrau=
ches von "Dogma" nach dem Tridentinum bis zum I. Vati=
canum K.Rahner - K.Lehmann, Kerygma und Dogma; in:
MS I 622 - 707, bes. 647. 652 ff. Vgl. Y.Congar, Die
Tradition und die Traditionen (Mainz 1965) 218 ff: Tra=
dition und Lehramt vom Tridentinum bis 195o. Das lehr=
hafte Moment betont erstmalig stärker das Chalcedo=
nense: "... confiteri... d o c e m u s ..." (D 148;
D = H.Denzinger - A.Schönmetzer, Enchiridion Symbo=
lorum Definitionum et Declarationum de Rebus Fidei
Freiburg [34]1965), nachdem Basilius d.Gr. in der Mitte
des 4. Jhs. die Unterscheidung zwischen christlichem

Kerygma und den Dogmen als Glaubenssätzen aufgebracht
hat. B.Lohse, Epochen der Dogmengeschichte (Stutt=
gart 1963) 14 f. 198. Vgl. F.Krüger, Strukturen kon=
fessorischer Rede; in: Grund und Grenzen des Dogmas
(s. Anm. 1) 37. Daraus ergibt sich als selbstver=
ständliche Folgerung, daß die oekumenischen Konzilien
am Anfang keine Satzunfehlbarkeit in Anspruch genom=
men haben. H.Küng, Christ sein (München 1974) 122 f.
17) C.Braun, Der Begriff "Person" in seiner Anwendung auf
die Lehre der Trinität und Inkarnation (Mainz 1876).
18) Für die gesamte zu bearbeitende Thematik erhielt ich
wertvolle Anregungen aus einer Vorlesung im Winter=
semester 1969/70 des Fachbereichs Religionswissen=
schaften, BE Katholische Theologie, der Universität
Frankfurt: J.Deninger, Dogmenentwicklung und Gei=
stesgeschichte.

A   Neutestamentliche und dogmatische Christologie

1) Vgl. G.Lange, Der dogmatische Jesus; in: F.J.Schierse
(Hrg.), Jesus von Nazareth (Mainz 1972) 171.
2) Vgl. H.Küng, Menschwerdung Gottes 594. - K.Rahner und
W.Thüsing haben innerhalb der dogmatischen Christolo=
gievorlesung des WS 1970/71 im FB Kath. Theologie der
Universität Münster den Versuch einer Zusammenarbeit
zwischen Systematiker und Neutestamentler vorgenommen
und ihr Experiment in Buchform veröffentlicht: K.Rahner
- W.Thüsing, Christologie - systematisch und exege=
tisch, Quaest. disp. 55 (Freiburg - Basel - Wien 1972).
Auf die Voraussetzungen für einen Dialog zwischen Exe=
gese und Dogmatik sowie auf die Problematik der Zusam=
menarbeit zwischen beiden wird dort ausführlich ein=
gegangen; vgl. bes. aaO 91 f. 108 f. An dieser Stelle
soll nur das ohne weitere Auseinandersetzung einbe=
zogen werden, was für das Verständnis der folgenden
Darlegungen wichtig ist.
3) Zum (Vor-)Verständnis des Glaubens sei hingewiesen auf
die beachtenswerten Ausführungen von B.Welte, Die Lehr=
formel von Nikaia...; in: Zur Frühgeschichte der Chri=
stologie (s. Einführung, Anm. 4) 100 f; vgl. W.Thüsing,
Neutestamentliche Zugangswege zu einer transzendental-
dialogischen Christologie; in: Christologie - syste=
matisch und exegetisch (s. Anm. 2) 173. 189 f. Zur
singulären Erforschung des NT innerhalb der Geschichts=
wissenschaft vgl. W.Trilling, Geschichte und Ergebnisse
der historisch-kritischen Jesusforschung; in: Jesus von
Nazareth (s. Anm. 1) 189 f.

4) W.Thüsing aaO 87.

5) Dem, was heute als "Selbstmitteilung Gottes" umschrie=
ben wird, entspricht in früherer Terminologie, defini=
tiv seit dem Konzil von Trient (D 783. 784), "kano=
nisch", weil inspiriert. Doch erweist sich auch die
Offenbarungskonstitution des II. Vaticanum insofern
als mißverständlich, als sie noch mit der "klassischen
Inspirationslehre" operiert. K.Rahner - H.Vorgrimmler,
Kleines Konzilskompendium (Freiburg - Basel - Wien
²1967) 373 ff. Mit Recht hat K.Rahner in jüngster Zeit
von daher versucht, das Normative der Schrift darin zu
begründen, daß sich Schrift als Produkt der werdenden
Kirche an die Zukunft wendet und insofern inspiriert
auch für heute maßgebend ist. Der gleiche Ansatz wurde
von K.H.Ohlig, Woher nimmt die Bibel ihre Autorität?
Zum Verständnis von Schriftkanon, Kirche und Jesus
(Düsseldorf 1970) weiterentwickelt. Diese Interpreta=
tion geht von der im Glauben verantworteten Voraus=
setzung aus, daß Jesus als der Auferweckte für die
Kirche aller Zeiten der jetzt Lebende ist. Seine immer=
während Gegenwart stellt die entscheidende Verbin=
dungslinie zwischen Urchristentum und Heute dar. - Für
den dogmengeschichtlichen Gesichtspunkt der Inspira=
tionslehre ist als neuere Veröffentlichung noch wich=
tig: J.Beumer, Die Inspiration der Heiligen Schrift
(Freiburg - Basel - Wien 1968).

6) K.Rahner, Grundlinien einer systematischen Christolo=
gie; in: Christologie - systematisch und exegetisch
(s. Anm. 2) 55.

7) A.Adam, Lehrbuch der Dogmengeschichte I 31.

8) AaO 29.

9) W.Thüsing, Thesen zu ntl. Neuansätzen einer heutigen
Christologie; in: Christologie - systematisch und exe=
getisch (s. Anm. 2) 258. 272 f.

10) Die exakte Bestimmung der Entstehungszeit des Johan=
nesevangeliums schwankt zwischen dem Ende des 1. Jhs.
und 130 n. Chr. Zu Verfasser-, Entstehungs- und Da=
tierungsfragen ntl. Texte vgl. u. a. die gängigen Ein=
leitungen zum NT von Feine - Behm - Kümmel, Robert -
Feuillet und Wikenhauser - Schmid. Während die Abfas=
sungszeit des Johannesevangeliums nach dem Urteil der
neuzeitlichen Exegese wieder an das Ende des 1. Jhs.
verlegt wird (A.Wikenhauser - J.Schmid, Einleitung in
das Neue Testament. 6. völlig neu bearb. Aufl. Frei=
burg - Basel - Wien 1973, 343f), ist für die Ent=
stehung des 2 Petr die Zeit nach dem 1. Jh. wahr=
scheinlicher. Er gilt deshalb als die späteste Schrift
des NT überhaupt. Wikenhauser aaO 613. Vgl. J.Michl,
Die Katholischen Briefe. RNT 8 (2. umgearb. Aufl. Re=
gensburg 1968) 159 f, der eine Abfassungszeit von
2 Petr im ersten Drittel des 2. Jhs. einräumt. Diese

Hypothese stimmt zeitlich mit dem zwar umstrittenen, aber immer noch möglichen späten Entstehungsdatum des Johannesevangeliums überein.

11) Da meine Arbeit keine ausschließlich exegetische Stu=
die darstellt, hielt ich es für verantwortbar, eine
begrenzte, aber repräsentative Auswahl aus der immen=
sen Literatur zur biblischen Christologie der letzten
Jahre vorzunehmen. Neben den Lexikonart. in LThK, SM
u. HThG: H.R.Balz, Methodische Probleme der neutesta=
mentlichen Christologie (Neukirchen 1967). P.Brunner,
Die Herrlichkeit des gekreuzigten Messias. Eine vor=
dogmatische Erwägung zur dogmatischen Christologie;
in: Pro Ecclesia, Ges. Aufs. zur dogmatischen Chri=
stologie. Bd.II (Berlin - Hamburg 1966). O.Cullmann,
Die Christologie des Neuen Testaments (Tübingen 1957).
J.Ernst, Anfänge der Christologie, SBS 57 (Stutt=
gart 1972). J.Gnilka, Jesus Christus nach frühen Zeug=
nissen des Glaubens (München 197o). F.Hahn, Christolo=
gische Hoheitstitel, Ihre Geschichte im frühen Chri=
stentum (Göttingen ³1966). W.Marxen, Anfangsprobleme
der Christologie (Gütersloh 1960). F.Mußner, Kosmische
Christologie. Schöpfung in Christus; in: MS II 455 ff.
R.Schnackenburg, Christologie des Neuen Testaments;
in: MS III 1, 227 ff. Ph.Vielhauer, Ein Weg zur neu=
testamentlichen Christologie? Prüfung der Thesen
F.Hahns, Ev. Th. 25 (München 1965) 24 ff. Reiche Li=
teraturangaben zur ntl. Theologie i. allg. und zur
Christologie i. bes., sowie Verweis auf die neuesten
Jesusbücher vgl. H.Küng, Christ sein (s. Einführung,
Anm. 16) B II: Der wirkliche Christus 615 - 618.

12) Daß der Schreiber des Johannesevangeliums (JohEv) nicht
identisch ist mit dem Lieblingsjünger Jesu, der in der
älteren Theologie selbstverständlich als Urheber des
vierten Evangeliums galt, sondern daß Joh wie alle Ver=
fassernamen der Evangelien als Pseudonym steht, wird
hier vorausgesetzt. Das JohEv ist ein Produkt der jo=
hanneischen (=joh) Schule. Als solches trägt es na=
türlich Spuren der Theologie seines Gründers und will
dessen Einfluß auch gar nicht verleugnen.

13) Joh 1, 1-14.

14) Während Johannes nicht als Verfasser des ihm zugeschrie=
benen Evangeliums gelten kann, erkennt die heutige For=
schung neben den vier Hauptbriefen des Apostels Paulus
(Gal, 1 u. 2 Kor, Röm) u.a. auch Phil als echten Pau=
lusbrief an. Hier wird echt im Sinne der wirklichen
Verfasserschaft des Apostels verstanden, d.h.: Phil ist
kein deutero-paulinischer Brief. - Die Briefe Pauli
sind außer den beiden kleinen Johbriefen die einzigen
echten Briefe des NT überhaupt, die Paulus im theologi=
schen Ringen mit seinen Gemeinden an diese schreibt.
Echt meint also an dieser Stelle nicht die Bezeichnung

der literarischen Gattung antiker Briefform.

15) Phil 2, 5-11.

16) Auf die vielfältige Prägung durch das AT weist der
hervorragende Joh-Kommentar von R.Schnackenburg,
Das Johannesevangelium, 1. Teil (Freiburg - Basel -
Wien [2]1967) hin; bes. 257 ff. Vom gleichen Verf., Lo=
goshymnus und johanneischer Prolog, BZNF 1 (Frei=
burg 1957) 69 - 1o3. Vgl. auch den kritisch-exege=
tischen Kommentar von R.Bultmann, Das Evangelium des
Johannes. Unveränderter Nachdr. der 10. Aufl. von 1941
(Göttingen 1964).

17) Einen Einfluß Philons anzunehmen, ist auch deshalb
naheliegend, weil er in seinen Werken eine Synthese
zwischen griechischer und jüdischer Tradition an=
strebt; denn über die alttestamentliche (=atl.) Theo=
logie hinaus sind auch Züge typisch griechischer Phi=
losophoumena im JohEv nicht zu übersehen. Lit. zu Phi=
lon s. Lexika und Philosophiegeschichten; speziell für
diesen Zusammenhang sind zu nennen H.A.Wolffson, Phi=
lo. Foundation of Religious Philosophy in Judaism,
Christianity and Islam. 2 Bde. (Cambridge, Mass.
[2]1962). K.Bormann. Die Ideen- und Logoslehre Philons.
Eine Auseinandersetzung mit H.A.Wolffson (1955).

18) Die Lebensdaten Philons sind 25 v. Chr. - 40 n. Chr.

19) Auf die Entstehungszeit der joh Schriften etwa
96 - 130 n. Chr. wurde bereits hingewiesen
(s. Anm. 10).

2o) B.Jendorff hat in seiner Dissertation - Der Logosbe=
griff. Seine philosophische Grundlegung bei Heraklit
von Ephesos und seine theologische Indienstnahme durch
Johannes den Evangelisten (Frankfurt 1969; Lit.!) - den
Versuch gemacht, den joh Logosbegriff auf Heraklit
(ca. 544 - 484 v.Chr.) zurückzuführen. - Die Fragmente
Heraklits sind leicht zugänglich in der zweisprachigen
Ausgabe von H.Diehls - W.Kranz, Die Fragmente der Vor=
sokratiker. Griech. u. dt. (Berlin [10]1960).

21) Allein die Göttlichkeit des herakliteischen Logos
(Fgg. 3o. 32. 67) ließe sich, wenn auch nicht fürs NT,
wie noch zu zeigen sein wird, so aber in jedem Falle
für die altkirchliche dogmatische Christologie frucht=
bar machen.

22) Vgl. Jendorff, Der Logosbegriff (s. Anm. 2o) 111 ff.

23) Auf diese Tatsache verweist auch W.Kelber, Die Logos=
lehre von Heraklit bis Origenes (Stuttgart 1958)
25. 28.

24) R.Schnackenburg, Das JohEv (s. Anm. 16) 258.

25) AaO 262. Vgl. aaO 269.

26) Bultmann, Das Ev des Joh (s. Anm. 16) 5. 29.

27) Zur Abhängigkeit des jetzigen Prologs vom ursprüngli=
chen Logoslied vgl. die Ausführungen von Schnackenburg
aaO 200 - 207, die auf den bereits zit. Aufsatz des
Verf. "Logoshymnus und joh Prolog" (s. Anm. 16) zu=

rückgreifen. - Ablehnung der Hypothese Bultmanns be=
züglich der Täufergemeinde aaO 90 ff. Beziehungen zu
"alexandrinischen" Anschauungen aaO 99 f.
28) AaO 75. 80. Text des ursprünglichen Logoshymnus im Zu=
sammenhang aaO 84 f. Elemente spätjüdischer Weisheits=
spekulation und Spuren hellenistischer Gnosis im Lo=
goslied aaO 86 ff.
29) AaO 94 ff. 101.
3o) Das Verständnis biblischer Gottessohnschaft wird in
einem eigenen Kapitel dargestellt. Die im NT, gerade
auch im Logosbegriff, nicht vollzogene Vergöttli=
chung Jesu wollen die folgenden Ausführungen deutlich
machen. - Die philonische Unterscheidung zwischen
λόγος ἐνδιάθετος und λόγος προφορικός kommt erst in der
nachntl. Christologie zum Tragen.
31) Schnackenburg aaO 213.
32) Daß Philon sicher vom platonisch-aristotelischen Dua=
lismus mit der vom Geist zu prägenden (schlechten) Ma=
terie ausgeht, während die Schöpfung in christlichem
Verständnis als Gottes Werk gut ist (Gn 1), bleibt für
diesen Zusammenhang sekundär.
33) Zu den gemeinsamen Zügen im Gottesgedanken Schnacken=
burg aaO 1o7.
34) Beispielhaft ließe sich das gut an den Begriffen φῶς
(bei Heraklit zunächst πῦρ) und ζωή zeigen; vgl.
Jendorff aaO 129 ff. Schnackenburg aaO 219 ff.
35) Für die starke Benutzung des Logosbegriffs in der
nachntl. christologischen Spekulation ergibt sich eine
starke Diskrepanz zum seltenen Vorkommen im NT: "Auf=
fällig ist es, daß der absolute Logostitel nur hier
(1, 1. 14) und in der Verbindung ὁ λόγος τῆς ζωῆς
im Prooemium des 1 Joh (s. dt.) gebraucht wird."
AaO 201.
36) Joh 3, 13-21. Neben diesem die Gedanken von Leben,
Licht und Wahrheit zusammenfassenden Kapitel kommen die
einzelnen Begriffe als zentrale Aussagen joh Theologie
beständig vor. - Deshalb ist auch die joh Christologie
wesentlich auf Soteriologie hingeordnet. AaO 136.
138 ff.
37) Sieht man einmal von der Inkarnation ab, schimmert so=
gleich die vielfältige Tradition des griechischen Den=
kens auch im joh Logosbegriff durch, wobei sich eine
interessante Parallele zu Aristoteles ergibt: Sein dy=
namisches Gottesbild, das Gottes Existenz als Werden
(Mensch w e r d u n g !) schlechthin umschreibt,
zeichnet Gott nicht nur als Geist und Leben (Met. Λ ,7),
sondern als reines Denken seiner selbst (Met. Λ , 9).
Von dieser νόησις νοήσεως, die nicht abstrakt, sondern
gerade an dieser Stelle personell konzipiert ist, führt
die gedankliche Linie geradewegs zum joh Logos als
Erkenntnis des Vaters.

38) Joh 5, 19; vgl. Schnackenburg aaO 58. Zur einfachen Un=
terordnung unter den Vater ohne Bezug zur Sendung durch
den Vater vgl. noch Joh 3, 34 f; 5, 2o-32; 6, 38f; 8,
28 f; 8, 4o. 42; 1o, 25; 1o, 32. 37 f; 11, 41; 12, 49;
14, 24. 29. 31; 15, 9 ff; 17, 24; 18, 11.

39) Küng, Christ sein (s. Einführung, Anm. 16) 434.

4o) Joh 14, 9 ff; vgl. die anderen diesbezüglichen joh Je=
susworte, allen voran: "Ich und der Vater sind eins"
Joh 10, 3o. Siehe aber auch: 8, 19; 1o, 15; 10, 38; 13,
3; 13, 31 f; 14, 6; 14, 13; 14, 20; 16, 15; 16, 23; 16,
31 f; 17, 1o; 17, 21 ff.

41) P.M.van Buren, Der Weg nach Chalkedon; in: Reden von
Gott - in der Sprache der Welt (Zürich 1965) 53.

42) Küng aaO 427 f; "... die Praeexistenz und Inkarnation
des Logos wird (wenigstens in dieser oder einer ähnli=
chen Form) im Ev kaum reflektiert oder rekapituliert
(außer 1, 3o. 8, 58. 17, 5)." Schnackenburg aaO 198.

43) Schnackenburg aaO 209 f.

44) Vgl. die Kap. A II 1 a u. b dieser Arbeit, S. 9 f.

45) Vgl. Teil A II 1 b, S. 7 f.

46) Gegen Schnackenburg ebd. u. 257. In Anlehnung an
Schnackenburg wird auch Jendorff, Der Logosbegriff
(s. Anm. 2o) 13 ff. 121. 129. 131 Opfer des kritisier=
ten dogmatischen Vorverständnisses. Auch Kelber, Die
Logoslehre (s. Anm. 23) 7 hinterfragt in keiner Weise
die Praeexistenz des Logos.

47) AaO 211.

48) AaO 242 - Sperrungen von mir vorgenommen.

49) Als neueren Kommentar zu Phil: J.Gnilka, Der Philipper=
brief (Freiburg 1968). Ders., Jesus Christus nach den
frühen Zeugnissen des Glaubens (s. Anm. 11) 90 ff.

5o) Phil ist wahrscheinlich um 54/55 in Ephesus entstanden.-
Auf Kol 1, 15-2o, wo auch der Praeexistente mit dem
Fleischgewordenen zusammengedacht und zusätzlich (wie
bei Joh) die Rolle des Schöpfungsmittlers auf ihn über=
tragen wird, kann hier nicht eingegangen werden. Die
Wirkung dieser Verse ist in der nachntl. Christologie
auch nicht annähernd so groß wie bei den anderen beiden
behandelten Stellen. Zur kosmischen Christologie:
F.Mußner, Schöpfung in Christus (s. Anm. 11).

51) Von mir gesperrt; auf die Einflüsse des Seinsbegriffes
der griechischen Metaphysik wird später eingegangen.

52) AaO 3o9.

53) AaO 317.

54) "Man darf nicht gleich weittragende Folgerungen für die
Erkenntnis der 'göttlichen Natur' (im Sinne späterer
Dogmatik) ziehen." AaO 358.

55) Gnilka, Der Philipperbrief (s. Anm. 49) 131 - 147 Ex=
kurs: Das vorpaulinische Christuslied. Weitere Lit.
speziell zu Phil 2, 5-11: Schnackenburg MS III 1, 309 ff.

56) AaO 313.

57) Ebd.

58) Zu Erniedrigung und Erhöhung: E.Schweizer, Erniedrigung
und Erhöhung bei$_2$Jesus und seinen Nachfolgern AThANT 28
(Basel - Zürich ^{2}1962) 93 - 99 (Phil.). Ders., Zur Her=
kunft der Praeexistenzvorstellung bei Paulus. Ev Th. 19
(1959) 65 - 7o. Zu Praeexistenz s. auch: W.Kramer,
Christos Kyrios Gottessohn. Untersuchungen zu Gebrauch
und Bedeutung der christologischen Bezeichnungen bei
Paulus und den vorpaulinischen Gemeinden (Zürich -
Stuttgart 1963). Die biblisch-christologischen Aus=
führungen von P.Lamarche zu Phil 2, 5-11 (in: J.Lié=
baert, Christologie von der apostolischen Zeit bis zum
Konzil von Chalcedon 451 = HDG III/ 1a, Freiburg 1965)
4 ff sind nicht nur durch dogmatisches Vorverständnis
geprägt, sondern darüber hinaus durch den gegenwärtigen
exegetischen Forschungsstand überholt. Auf die Paral=
lele zwischen praeexistentem Christus und praeexisten=
tem Moses in samaritanischer Theologie verweist in
jüngster Zeit Ch.H.H.Scobic, The Origins and Develop=
ment of Samaritan Christianity. NTS 19 (London 1972/73)
390 - 414.
59) Schnackenburg aaO 315.
60) AaO 322. Die Bezeichnungen "Seinsweisen" und "Existenz=
weisen" werden von Schnackenburg synonym gebraucht.
Vgl. S. 12.
61) Küng, Christ sein 428. Vgl. auch Balz, Methodische Pro=
bleme der ntl. Christologie (s. Anm. 11) 43 u. 45.
62) Adam, Dogmengeschichte (s. Einführung, Anm. 4) 70. 310.
63) H.W.Bartsch, Die konkrete Wahrheit und die Lüge der
Spekulation. Untersuchungen über den vorpaulinischen
Christushymnus und seine gnostische Mythisierung. Theo=
logie und Wirklichkeit 1 (Frankfurt - Bern 1974).
64) AaO, Einleitung. Vgl. aaO 25. 77 ff.
65) AaO 20 ff. Vgl. aaO 43 ff.
66) Zum Wortfeld von μορφή aaO 32 ff.
67) Röm 5; 1 Kor 15. Zur Adam-Christus-Parallele b. Pl
Bartsch aaO 65; Adam in Gnosis und im Judenchristentum
aaO 69 ff.
68) AaO 25 f. Beziehung zur Sapientia Salomonis aaO 27 ff.
69) Ebd.
70) AaO 43.
71) Thüsing weist in seinen Thesen zu ntl. Neuansätzen einer
heutigen Christologie (in: Christologie - systematisch
und exegetisch; s. Anm. 2) darauf hin, daß Praeexistenz
heute nur noch als "Sicherung der Singularität der
Heilsbedeutung Jesu" verstanden werden kann.
72) Schierse stellt in seinem Aufsatz, Christologie - ntl.
Aspekte (in: Jesus von Nazareth, s. Anm. 1) 147 die be=
rechtigte Forderung auf, daß die Praeexistenzchristolo=
gie nicht isoliert und zum Gegenstand einer gesonderten
religionsphilosophischen Betrachtung gemacht werden
darf. Aber genau das geschah in der nachntl. Entwick=
lung!

73) 1 Kor 15, 3 ff.
74) Einen guten Überblick über die neueste Diskussion des biblischen Verständnisses der Jungfrauengeburt gibt Küng aaO 336. 405. 427. 441 - 447 (Lit.!).
75) Die intensivste Auseinandersetzung mit den atl. Würde= titeln bietet F.Hahn, Christologische Hoheitstitel (s. Anm. 11) 280 - 334: Gottessohn. Eine Zusammenfas= sung des letzten Forschungsstandes bei Ernst, Anfänge der Christologie (s. Anm. 11).
76) Früher als die Arbeit von Hahn: B.M.F. van Jersel, Der Sohn in den synoptischen Jesusworten (Leiden ²1964) 3-28: Übersicht über die Meinung der Forscher. - Eine Zusammenfassung der Unterschiede zwischen "Gottes= sohn" u. "der Sohn" Küng aaO 106. 3o6 ff. 375 - 388.
77) Hahn aaO 284. 304. 3o7 weist darauf hin, daß religions= geschichtlich nur in Ägypten an eine unmittelbar physi= sche Gottessohnschaft gedacht worden ist.
78) AaO 294.
79) Zum Gedanken der Sendung vgl. bes.: F.Haenchen, "Der Vater der mich gesandt hat" (London 1962/63) 208 - 216.
80) Die Sendung nimmt im JohEv einen großen Raum ein: 3, 17; 3, 34; 4, 34; 5, 23 f; 5, 36 ff. 43; 6, 29. 38 f. 44. 57; 7, 16; 7, 28 ff. 34; 8, 16 ff; 8, 26. 29; 8, 42; 9, 4; 10, 18; 11, 42; 12, 44-50; 13, 30; 14, 24. 31; 15, 15. 21; 17, 2 ff. 8. 18. 21 ff. 25; 18, 37; 20, 21. Demgegenüber tritt selbst das Gottessohn-Pradikat zu= rück, obwohl es als Ausdruck der joh Christologie der meistgebrauchte Würdetitel im Ev ist: 1, 34; 1, 50; 3, 16 ff; 1o, 36; 11, 4; 11, 27; 20, 31. - Die Bezeich= nung "Sohn Gottes" bei Joh macht wieder die mögliche literarische Nähe zu Philon deutlich. Die gemeinsame Quelle bleibt das AT.
81) Mk 1, 15.
82) H.Schlier, Anfänge des christologischen Credo (in: Zur Frühgeschichte der Christologie, s. Einführung, Anm. 4) 43 - Beachtenswert sind die Ausführungen zur biblischen Gottessohnschaft von Adam, Dogmengeschichte 64 f. - Wie bei der Exegese der Praeexistenzvorstellung so wird von Lamarche (in: HDG III/1a, s. Anm. 50) 9 ff. 14 ff auch "Sohn Gottes" in überholter Weise im Sinne göttli= cher Genealogie verstanden.
83) Schierse, Christologie - ntl. Aspekte (s. Anm. 52) 153 ff.
84) J.Ratzinger, Einführung ins Christentum. Vorlesungen zum Verständnis des Apostolischen Glaubensbekenntnisses (München 1968) 225. Exegetische Einleitung aaO 174 - 184; "dogmatische" Interpretation aaO 222 - 230.
85) Mk 1, 1 - Die Abfassungszeit des MkEv wird um 70 ange= setzt.
86) Mk 1, 9 ff - Zur Exegese der Perikope Hahn aaO 301 f.
87) Mk 1, 11.
88) Mk 2, 1-12; vgl. die sich an dieses Kap. anschließenden

Betrachtungen von Küng aaO 266 f.
89) Mk 2, 7.
90) Jesus selbst hat sich keine Würdetitel zugelegt. Allein
beim Prädikat "der Menschensohn" wird noch ernsthaft
diskutiert, ob man diesen Hoheitstitel der ipsissima
vox zurechnen kann, da er sich in den Evv 82mal in kei=
ner einzigen Aussage über Jesus, sondern ausschließlich
im Munde Jesu findet. Für das Stadium der Ursprünglich=
keit ohne sekundäre Elemente spricht jedoch nur noch
Lk 12, 8 f, Verse, die auf die Gattung der Bekenner-
und Verleugnersprüche zurückgreifen. Zur Herkunft des
Menschensohntitels neben den Christologien zum NT und
der Lit. zu den messianischen Titeln von Cullmann und
Hahn (s. Anm. 11) umfassend: H.E.Tödt, Der Menschen=
sohn in der synoptischen Überlieferung (Gütersloh 1959).
E.Schweizer, Der Menschensohn; in: Neotestamentica
(Zürich 1963) 56 - 84. Ph.Vielhauer, Gottesreich und
Menschensohn in der Verkündigung Jesu. Jesus und der
Menschensohn; in: Aufsätze zum Neuen Testament (Mün=
chen 1965) 45 - 140. 145 f. C.Colpe, Art. υἱὸς τοῦ
ἀνθρώπου ; in: ThW VIII (Stuttgart 1969) 403 - 481.
91) Mk 2, 10.
92) Da die Apostelgeschichte als zweiter Teil des lukani=
schen Doppelwerkes außerhalb der Betrachtung bleibt,
seien nur folgende Stellen angeführt, die auch die
Christologie der Apg als eine adoptianische ausweisen:
2, 31-36; 3, 12-26; 4, 8-12. 27; 29-32; 7, 56; 9, 22;
10, 34-43; 13, 28-41; 17, 3. 31; 18, 28.
93) Küng aaO 306. 429 f.
94) Thüsing, Die Funktion des auferweckten Jesus für die
Gottesbeziehung (in: Christologie - systematisch u.
exegetisch; s. Anm. 2) 135. 148.
95) G.Ebeling, Die Frage nach dem historischen Jesus u.
das Problem der Christologie; in: ZThK 56, Beiheft 1
(Tübingen 1959) 24.
96) Röm 1, 3 f.
97) Gal 4,4. Kramer, Christos Kyrios Gottessohn (s. Anm. 50)
124 hält zwei Traditionskreise auseinander. Dem älteren
gehört die Adoptionsformel von Röm 1, 3 f an, während
die Dahingabe- und Sendungsformel von Gal 4, 4 (vgl.
Röm 8, 32) die jüngere Form darstellt. Vgl. Balz, Me=
thodische Probleme (s. Anm. 11) 39.
98) Joh 1, 1. 18; 20, 28.
99) 2 Thess 1, 12; Tit 2, 13; 2 Petr 1, 1. Küng aaO
430 - 1 Joh 5, 20 dürfte sich nicht nur auf Jesus
Christus beziehen, da mit der Aussage von V. 20 b ein=
deutig der Vater gemeint ist. Thüsing aaO 26.
100) A.Grillmeier, Die theologische und sprachliche Vorbe=
reitung der christologischen Formel von Chalkedon; in:
A.Grillmeier - H.Bacht (Hrg.), Das Konzil von Chalkedon
in Geschichte und Gegenwart, 3 Bde. (Würzburg 1951 - 54,
Nachdr. m. Erg. 1962) I 6 ff.

101) Ebd.
102) Vgl. den Ansatz von R. E.Brown, Does the New Testa=
ment call Jesus God? ThST 26 (Baltimore 1965) 545 -
573.
103) Neben den gründlichen Ausführungen zur Sprachge=
schichte von Grillmeier (s. Anm.100) gibt einen guten
systematischen Überblick über die nachntl. Christolo=
gie bis zum Konzil von Chalkedon P.Smulders, Dogmen=
geschichtliche und lehramtliche Entfaltung der Chri=
stologie; in: MS III 1, 389 - 475. Vgl. die Patrolo=
gien von B.Altaner - A.Stuiber, Patrologie - Leben,
Schriften u. Lehre der Kirchenväter (Freiburg - Ba=
sel - Wien 1966). O.Bardenhewer, Geschichte der alt=
christlichen Literatur, I-IV (Freiburg 1913 - 1932,
Nachdr. Darmstadt 1962).
104) Zur umstrittenen Benutzung des JohEv durch Ignatius
vgl. Wikenhauser, Einleitung in das NT (s. Anm. 10)
310. Zur ignatianischen Logoslehre vgl. Kelber, Die
Logoslehre (s. Anm. 23) 146.
105) Eph 7, 2.
106) Eph 19, 3 - Vgl. eine ähnliche Aussage im sog. 2 Clem
1, 1: "Wir müssen von Christus gleicherweise wie von
Gott denken" (ὡς περὶ θεοῦ).
107) H.Schlier, Die Anfänge des christologischen Credo (in:
Zur Frühgeschichte der Christologie; s. Einführung,
Anm. 4) 43.
108) Gegen Schlier ebd.
109) Vgl. z.B. Kol 1, 15: εἰκών . Bei der Bezeichnung des
Logos als Urbild ist aber auch ein Einfluß Philons
möglich. Zu wesentlichen Verschiebungen nachntl. Lo=
goslehre vgl. P.Gerlitz, Außerchristliche Einflüsse
auf die Entwicklung des christlichen Trinitätsdogmas.
Zugleich ein religions- und dogmengeschichtlicher Ver=
such zur Erklärung der Herkunft der Homousie (Lei=
den 1963; Lit.!) Teil B: Die Entwicklung der Logos=
christologie unter Verwendung außerchristlicher Ele=
mente aaO 48 ff; I: Der Logosbegriff als Philosophu=
menon in der hellenistischen Philosophie (der λόγος
σπερματικός und das γεννᾶσθαι); II: Der εἰκών-Begriff
in der Logoschristologie als Voraussetzung für die
Entwicklung einer apaugasmatischen Trinität (Die Ein=
flüsse der platonischen Ideenlehre auf die Stellung
des Sohnes zum Vater); III: Vermutungen über die reli=
gionsgeschichtliche Identifizierung von Logos und θεός
bzw. υἱὸς θεοῦ. (Der Logos als Hypostase). - Wie Pl
war Ign von der Frühgnosis berührt, hat aber auch de=
ren Ansatz nicht systematisiert oder verabsolutiert.
Adam, Dogmengeschichte (s.Einführung, Anm. 4) 134.
110) J.Liébaert, Christologie (s. Anm. 58) 26.
111) H.Diels - W.Kranz, Fragmente der Vorsokratiker (Ber=
lin ¹⁰1960) 28 B 8, 3. Dazu F.Ricken, Das Homousios
von Nikaia als Krisis des altchristlichen Platonismus

112

(in: Zur Frühgeschichte der Christologie; s. Einfüh=
rung, Anm. 4) 76.
112) Sm 4, 2.
113) Eph 20, 2.
114) Eph 7, 2 (ἀγέννητος) u. Polyk 3, 2 zählen seine ent=
gegengesetzten Eigenschaften auf.
115) A.Gilg, Weg und Bedeutung der altkirchlichen Christo=
logie = Theol. Bücherei 4 (München 1955) 15.
116) Teil A II 3, S. 15 ff.
117) T.Camelot, Ehesus und Chalkedon. Geschichte der oeku=
menischen Konzilien 2 (Mainz 1963) 17.
118) A.Grillmeier, Christ in Christian Tradition; from the
Apostolic Age to Chalcedon (New York 1965) 483. 487.
119) Vgl. z. Folg. Kelber aaO 153 ff. Zur Rezeption anti=
ken Gedankengutes im frühen Christentum vgl. auch
H.Chadwick, Early Christian Thought and the Classical
Tradition. Studies in Iustin, Clement, and Origen
(Oxford 1966).
120) Hahn, Christologische Hoheitstitel (s. Anm. 11) 315,
Anm. 1.
121) Apol I 60. Zum Einfluß des kaiserzeitlichen Platonis=
mus auf die Logoslehre Justins C.Andresen, Logos und
Nomos (1955) 308 - 400 (Kelsos u. Justin); ZNW (1952)
157 - 195 (Justin u. der mittlere Platonismus).
122) 34a - 35a.
123) Kelber aaO 280.
124) Smulders, Dogmengeschichtliche und lehramtliche Ent=
faltung der Christologie (s. Anm. 103) 392. 403.
125) Dialog 61; 58, 10.
126) Liébaert aaO 28.
127) Zur Entsprechung mit dem stoischen ἡγεμονικόν vgl.
Grillmeier, Die theologische und sprachliche Vorbe=
reitung (s. Anm. 100) 59 f.
128) Kelber aaO 176.
129) Schnackenburg, Das JohEv (s. Anm. 16) 258 f.
130) Suppl. 10, 1f.
131) Ricken, Das Homousios von Nikaia (s. Anm. 111) 81.
132) Kelber aaO 177 - Zum mittl. Platonismus als Vorstu=
fe des späteren Neuplatonismus vgl. die grundlegen=
de Arbeit von W.Theiler, Die Vorbereitung des Neu=
platonismus (Berlin 1930 - Zürich 1964).
133) Kelber aaO 87 f. 110. 181 - 187.
134) Grillmeier aaO 39, Anm. 29.
135) Smulders aaO 417. J.Hirschberger, Geschichte der Phi=
losophie, Bd. I ; Altertum und Mittelalter (Basel -
Freiburg - Wien 1965) 337.
136) Strom. VII 2, 5, 5; IV 25, 155, 2.
137) Ebd. VII 2, 7, 7.
138) Protr. X 98, 3.
139) Strom. VII 2, 5, 5; Protr. X 98, 3.
14o) Protr. I 5, 1 f; vgl. Ricken aaO 81.
141) Strom. IV 25, 156, 2.

142) H.Merki, ᾽ΟΜΟΙΩΣΙΣ ΘΕΩ . Von der platonischen An=
gleichung an Gott zur Gottähnlichkeit bei Gregor von
Nyssa (Freiburg/Schweiz 1952) 44 ff. 48 ff. 54 ff.
60. 88. - Vgl. auch zu den Bezeichnungen Christi als
Gott, Logos, νοῦς und εἰκών bei Klemens aaO 73 f.
85. 89.

143) Liébaert aaO 47. Kelber aaO 213. 227 ff.

144) Vgl. Schnackenburg aaO 4.

145) AaO 296 f.

146) Paed. I 7, 58, 1; vgl. Grillmeier aaO 60 ff.

147) Protr. X 110, 2; vgl. H.Rheinfelder, Das Wort "Per=
sona". Geschichte seiner Bedeutungen mit besonderer
Berücksichtigung des französischen und italienischen
Mittelalters (Halle 1928) 159 f.

148) Kelber aaO 236 f.

149) Zur origenistisch beeinflußten Theologie vgl. Hirsch=
berger aaO 236 ff.

150) Arist., Eth. Nik. E 11.

151) Joh 14, 6.

152) De princ. I 22. Hier scheint bereits bei Origenes die
Lex-aeterna-Lehre Augustins auf. Vgl. Hirschberger
aaO 340 ff.

153) In Iohan. I 20, 119; vgl. de princ. I 1, 6: Gott ist
simplex, μονάς und ἐνάς.

154) In Iohan. I 17, 102.

155) C.Cels. VI 64.

156) Vgl. Liébaert aaO 48 ff.

157) Lit. zur Frage, ob sich die Logos-Ktisma-Lehre schon
bei Origenes findet s. Grillmeier aaO 75, Anm. 4. Zur
Umprägung der Lehre des Origenes durch Arius vgl. auch
Ricken aaO 88 ff.

158) Vgl. Teil A II 1 c, S. 9 ff.

159) De princ. IV 4, 4.

160) Ebd. II 6, 6.

161) D 54.

162) C.Cels. III 41.

163) D 148.

164) C.Cels. ebd.

165) Jenseits und über allem steht der Vater: " ἐπέκεινα
δὲ πάντων τούτων τὸν πατέρα αὐτοῦ καὶ θεόν." C.Cels.
VI 64. Der Vater wird als αὐτόθεος oder ὁ θεός be=
zeichnet, der Sohn als δεύτερος θεός. In Iohan. II
2, 17; C.Cels. V 39. Vgl. I.O. Urbina, Nizäa und Kon=
stantinopel. Geschichte der oekumenischen Konzilien 1
(Mainz 1964) 36.

166) W. Elert, Der Ausgang der altkirchlichen Christolo=
gie; eine Untersuchung über Theodor von Pharan und
seine Zeit als Einführung in die alte Dogmenge=
schichte, aus dem Nachlaß hrsg. v. W.Maurer u.
E.Bergsträßer (Berlin 1957) 274.

167) In Ez. hom. 3, 3; vgl. Adam aaO 185.

168) In Iohan. 4, 25; vgl. Ricken aaO 93.

114

169) Van Buren, Der Weg nach Chalkedon; in: Reden von
Gott - in der Sprache der Welt (s. Anm. 41) 28 f
skizziert in großen Zügen den geistigen Rahmen der
Umwelt in den ersten Jahrhunderten n.Chr., mit dem
sich das junge Christentum konfrontiert sah.

170) Rahner - Thüsing, Christologie - systematisch und
exegetisch (s. Anm. 2) 51. 117. 120 f.

171) W.Pannenberg, Die Aufnahme des philosophischen Got=
tesbegriffs als dogmatisches Problem der frühchrist=
lichen Theologie, ZKG 70 (Stuttgart 1959) 1 - 45.

172) Gal 4, 9; 1 Kor 8, 2; Röm 8, 29.

173) K.Rahner, Chalkedon - Ende oder Anfang? (in: Das Kon=
zil von Chalkedon, s. Anm. 100) III 24. Der ganze Auf=
satz, der bei seinem Erscheinen bestimmt bahnbrechend
war und noch heute wegweisend ist, versucht eine
evtl. mögliche Harmonisierung bibeltheologischer An=
sätze und chalkedonensischer Definitionen.

174) Thüsing aaO 258.

175) Ebd. 259.

176) Vgl. Anm. 141.

177) Vgl. den Kontext zu Jak 1, 16 ff. - Die Anthropomor=
phismen wollen Gott nicht vermenschlichen, sondern
ihn als Lebendigen dem Menschen nahebringen. Küng aaO
297 ff.

178) Gegen Ratzinger, Einführung ins Christentum (s. Anm.
84) 276.

179) Küng, Menschwerdung Gottes (s. Anm. 2) 623 und Schoo=
nenberg, Die Interpretation des Dogmas (s. Einfüh=
rung, Anm. 1) 78. - Zum ideologischen Gegensatz zwi=
schen Arius und Alexander von Alexandrien: C.J.Hefe=
le, Konziliengeschichte (Freiburg 1855) I 227 - 245.
Urbina, Nizäa und Konstantinopel (s. Anm. 165) 51 ff.
Trotz der fundierten Neubearbeitung von Hefeles Kon=
zilsgeschichte bleibt Urbinas Buch eine tendenziöse
Studie römischer Schultheologie.

180) Von Nikaia selbst sind keine Konzilsakten außer dem
Symbolum, dem Synodalbrief, der Unterschriftenliste
und den Canones erhalten. Alle Dokumente sind gesam=
melt bei J.D.Mansi, Sacrorum conciliorum nova et am=
plissima collectio II - VII (Paris 1901 ff; Nachdr.
Graz 1960). Im Folg. wird danach zitiert. Beim Quel=
lenstudium wurden zusätzlich immer die Konzilssam=
lungen von E.Schwartz, Acta conciliorum oecumenico=
rum 1 ff (Berlin 1914 ff) mitherangezogen.

181) Mansi II 794 ff; deutsche Übersetzung b. Urbina aaO
277 ff.

182) Teil A II, S. 6 ff.

183) Aus einem anderen Brief Alexanders an den gleichna=
migen Bischof von Byzanz (oder Thessalonich? Zur Dis=
kussion s. Lit. b. Grillmeier aaO 68 Anm. 2), Man=
si II 642 ff; Zit. ebd. 643.

184) B.Welte, Einleitung "Zur Frühgeschichte der Christo=
logie" (s. Einführung, Anm.4) 9 f. 71 f. 106 ff. 113.
Vgl. G.Lange, Der dogmatische Jesus (in: Jesus von
Naz., s. Anm. 1) 171 f.
185) Küng, Christ sein 438. Von einer Dogmenentwicklung
konnte ja damals nicht gesprochen werden!
186) "Wesensgleich" mit dem νοῦς, der für das Sein
schlechthin steht, taucht zum ersten Mal bei Anaxago=
ras auf. Hirschberger aaO 47 ff.
187) Kritische Anfrage an Küng ebd. (s. Anm. 185).
188) D 54.Vgl. Smulders aaO 427 f.
189) Thüsing aaO 276; vgl. 226.
190) Ebd. 170.
191) Urbina aaO 88 f.
192) Hefele aaO I 661 ff; vgl. 671 ff.

B   Nachneutestamentliche und Dogmatische Christologie

1)   Grundsätzliche Überlegungen zur Übertragung des Per=
sonbegriffs auf Gott und Jesus b. Küng, Christ sein
292 f.
2)   Rheinfelder, Persona (s. Teil A, Anm. 147) 26. Vgl.
Grillmeier, Christ in Christian Tradition (s. Teil A,
Anm. 118) 149 ff. Außer der genannten Untersuchung
von Rheinfelder und dem Hinweis auf Art. in philolo=
gischen, philosophischen und theologischen Lexika
ausgewählte Lit. zum Gebrauch von πρόσωπον u. perso=
na: C.Andresen, Zur Entstehung und Geschichte des
trinitarischen Personbegriffs; in: ZNW 52 (Berlin
1961) 1 - 38. C.Braun, Der Begriff "Persona" in sei=
ner Anwendung auf die Lehre von der Trinität und In=
karnation (Mainz 1876). A.Dorner, Entwicklungsge=
schichte von der Lehre der Person Christi in den
ersten vier Jahrhunderten (Stuttgart 1845). R.Hir=
zel, Die Person. Begriff und Name derselben im Al=
tertum (München 1914). M.Nédoncelle, Prosopon et
persona dans l'antiquité classique, RevSR 22 (Straß=
burg 1948) 277 - 99. J.Ratzinger, Zum Personver=
ständnis in der Dogmatik; in: J.Speck (Hrg.), Das
Personverständnis in der Pädagogik und ihren Nach=
barwissenschaften (Münster 1966) 157 - 171.
S.Schloßmann, Persona und πρόσωπον im Recht und im
christlichen Dogma (Kiel 1906). J.Tixeront, des con=

cepts de "nature" et de "personne" dans les pères
etc.; in: RHLR 8 (Paris 1903) 582 ff.

3) Ratzinger aaO (s. Anm. 2) 157.
4) Vgl. Anm. 2.
5) Gn 1, 26. Im Gegensatz zur älteren Genesis-Exegese
    kann Gn 1, 26 nicht mehr als Schriftbeweis zur Of=
    fenbarung der Trinität bereits im AT herangezogen
    werden. O.Loretz, Die Gottebenbildlichkeit des Men=
    schen (München 1967; Lit.!) 45 - 50. 64 f führt den
    detaillierten Nachweis, daß das "uns (wir)" weder
    trinitarisch noch als pluralis maiestaticus zu ver=
    stehen ist. Im Anschluß an die Mythen aus der Umwelt
    des AT, die für den sich entwickelnden atl. Mono=
    theismus fruchtbar gemacht wurden, zeigt das AT
    mehrmals Jahwe zusammen mit seinem "Hofstaat". Zu
    ihm gehören Götter, Göttliche, Göttersöhne und Heili=
    ge, die aber im Unterschied zu außerbiblischen Tex=
    ten nicht selbständig, sondern Jahwe untergeordnet
    sind und ihm dienen. "Das ' Lasset u n s machen! '
    in Gn 1, 26 ist dann so zu erklären: der Schöpfer=
    gott, der hier im Gegensatz zu den heidnischen
    Mythen der einzige Gott Israels ist und nicht ir=
    gendeiner der großen Götter, spricht den ihn um=
    stehenden Kreis der 'Götter(-Söhne)' an und tut ih=
    nen seinen Entschluß kund, die Menschen zu erschaf=
    fen. Diese Auslegung der göttlichen Aufforderung
    zur Erschaffung des Menschen berücksichtigt einer=
    seits den polytheistisch-mythischen Hintergrund der
    Bibelstellen, und andererseits wird sie voll der
    Tatsache gerecht, daß Israel nur einen Gott, näm=
    lich Jahwe anerkannte." AaO 49 f. - Speziell zu den
    "Göttersöhnen" im Zusammenhang mit der Stelle Gn 6,
    1 - 4, der auch die Vorstellung der himmlischen Ver=
    sammlung zugrunde liegt, vgl. die Deutung von O.Lo=
    retz, Schöpfung und Mythos. SBS 32 (Stuttgart 1968)
    31 ff. 66. Beachtenswert der Hinweis auf Ps. 82.
    Er beginnt: "Elohim (=Jahwe) tritt auf in der El-
    Versammlung, inmitten der Götter hält er Gericht."
    In der himmlischen Ratsversammlung werden die El-
    Söhne gerügt, weil sie ihrer Aufgabe nicht nachka=
    men. Loretz aaO 35.
6) Teil A III 2, S. 20 ff.
7) Apol. I 36, 1; weitere Zit. b. Andresen aaO 12.
8) Vgl. B.Lohse, Epochen der Dogmengeschichte (Stutt=
    gart 1963) 49.
9) Adv. Prax. 12, 3.
10) Ratzinger aaO 160.
11) Teil A I, S. 5 ff.
12) P.Schoonenberg, Ein Gott der Menschen (Zürich - Ein=
    siedeln - Köln 1969).
13) P.Schoonenberg, Trinität - Der vollendete Bund.
    Thesen zur Lehre vom dreipersönlichen Gott; in:

Orientierung 10 (Zürich 1973) 115 - 117.

14) Vgl. A IV 1, S. 28.

15) Ratzinger aaO 161 ff.

16) Auf die Provenienz von trinitas kann hier nicht weiter eingegangen werden. Eine evtl. gnostische Wurzel vermutet Morgan, The Importance of Tertullian in the in the Development of Christian Dogma (Lon= don 1928) 104.

17) Zur Trinitätslehre Tertullians s. die gründliche Diss. von W.Bender, Die Lehre Tertullians über den hl. Geist (München 1961). Vgl. Grillmeier, Die theo= logische und sprachliche Vorbereitung (s. Teil A, Anm. 100) 45. 48.

18) Vgl. Adam, Dogmengeschichte (s. Einführung, Anm. 4) 104.

19) De trin. 4, 920 c f; Zit. b. Andresen aaO 27, Anm.54. Novatian wurde zum Vermittler von Formulierungen Tertullians für die Dogmatik. Der Traktat "De trini= tate" ist wahrscheinlich noch vor 250 n. Chr. ver= faßt. Morgan aaO IX.

20) Bardenhewer, Geschichte der altchristlichen Litera= tur (s. Teil A, Anm. 103) II 384 f.

21) Die Abfassungszeit wird nach 213 angesetzt; vgl. Bardenhewer aaO 414.

22) Adv. Prax. 2, 1; vgl. Bender aaO 10.

23) Grillmeier aaO 49.

24) Mt 28, 19. Daß dieser Vers nicht zu den ipsissima verba Jesu gehört, ist in diesem Zusammenhang nicht so entscheidend.

25) Adv. Prax. 26, 9.

26) Küng aaO 466.

27) Adv. Prax. 2, 4.

28) Ebd.

29) De pudic. 21, 6.

30) Das Apologeticum z.B. ist voll von Angriffen gegen die antiken Philosophenschulen.

31) Adv. Herm. 35, 2 (vgl. 19, 1).

32) Bender aaO 20 ff. Vgl. Morgan aaO 57. 89 ff. 103 - 107.

33) Es handelt sich um eine Verlängerung des vierten antiochenischen Symbolum von 341, das zunächst wie dieses die arianischen Hauptsätze anathematisiert. Hefele, Konziliengeschichte (s. Teil A, Anm. 179) I 604 f. 615.

34) Mansi II 1363.

35) Hefele aaO 618.

36) Urbina, Nizäa und Konstantinopel (s. Teil A, Anm. 165) 37.

37) Andresen aaO 7. 31.

38) Mansi III 258.

39) Hefele aaO 652 f.

40) Mansi III 261.

41) Teil A IV 2. S. 34. Zur Begriffsgeschichte von ὑπό-
σταστς H.Dörrie, Ὑπόστασις . Wort- und Bedeutungs=
geschichte; in: NAG 3 (Göttingen 1955) 35 - 92.
42) Hefele aaO 704; vgl. Braun, Der Begriff "Persona"
(s. Einführung, Anm. 17) 4.
43) Mansi III 350.
44) Zur umstrittenen Datierung der fünf römischen Syno=
den unter Damasus (369, 374, 376, 380 und 382?) vgl.
Hefele aaO 714, Anm. 3. Die Studie von M.A.Norten,
Prosography of Pope Damasus; in: Folia 5 (New York
1951), die auf den Seiten 46 - 51 über die verschie=
dene Datierung der Damasus-Synoden Aufschluß gibt
(vgl. Grillmeier aaO 122, Anm. 6), war im Leihver=
kehr der deutschen Bibliotheken nicht zu beschaffen.
45) Hefele aaO 714 f.
46) Mansi III 459 f.
47) Ebd.
48) Hefele aaO 717 ff.
49) Mansi III 483; vgl. ebd. 487.
50) Ebd.
51) K.Rahner, Art. "Trinität"; in: SM 4, 1009.
52) D 86. Auf das Verhältnis der Bekenntnisse von Nikaia
und Konstantinopel (381) zueinander kann hier nicht
eingegangen werden. Gegen die ältere Annahme, daß
das konstantinopolitanische Symbolum von dem nizäni=
schen abhängig sei, spricht sich J.N.D.Kelly, Early
Christian Creeds (London 1950) 300 ff für ihre völli=
ge Verschiedenheit aus. Das Buch von Kelly ist in=
zwischen in dt. Übers. erschienen unter dem Titel:
Altchristliche Glaubensbekenntnisse. Geschichte und
Theologie (Göttingen 1972). - Auch die Tatsache, daß
es dem Abendland schwerfiel, das Konzil von Konstan=
tinopel, an dem kein abendländischer Bischof teilge=
nommen hatte, als oekumenisches anzuerkennen, ist in
diesem Zusammenhang sekundär.
53) Teil B I 2, S. 43.
54) De trin. XV 29; vgl. M.Schmaus, Die psychologische
Trinitätslehre des hl. Augustinus. Fotomechan. Nach=
druck der 1927 ersch. Ausg. mit einem Nachtr. u.
Lit. erg. des Verf. (Münster 1967) 179. Vgl. auch
R.Boigelot, Le mot "personne" dans les écrits trini=
taires de s. Augustin; in: NRTh 57 (Tournai - Lö=
wen - Paris 1930) 5 - 16.
55) De trin. VIII prooem.; vgl. Schmaus aaO 145. Zum
Personbegriff in der augustinischen Trinitätslehre
zusammenfassend ebd. 107 - 110. 145 - 151. Vgl. auch
Rheinfelder, Das Wort "Persona" (s. Teil A, Anm. 147)
u. Ratzinger aaO 161 f.
56) Rahner aaO 1028. Vgl. Braun aaO 42 u. Küng aaO 466.
57) A.Dahl, Augustin und Plotin. Untersuchungen zu Tri=
nitätsproblem und Nuslehre (Lund 1945) 30 f. 57 -
62. 105 - 108.

58) De trin. I 4, 7.
59) De trin. V 8, 9 - 10.
60) Morgan aaO 166. 176 f. Vgl. Schmaus aaO 8.
61) Schloßmann, Persona und πρόσωπον im Recht und im christlichen Dogma (s. Anm. 2) 91. 100. Braun aaO 4. 40. Lohse, Epochen der Dogmengeschichte (s. Anm. 8) 72 - 76.
62) Vgl. B.Altaner, Augustinus und die griechische Spra=che; in: Pisciculi. F.J.Dölger zum 60. Geburtstag. (Münster 1939) 19 - 40.
63) Schmaus aaO 88 Anm. 1; vgl. ebd. 104.
64) Grillmeier aaO 6, Anm. 3.
65) Speziell zur Christologie Tertullians: R.Cantala=messa, La cristologia di Tertulliano. Paradosis 18 (Freiburg/Schweiz) 1962; una persona: ebd. 150 - 175.
66) Smulders, Dogmengeschichtliche und lehramtliche Ent=faltung der Christologie (s. Teil A, Anm. 103) 412.
67) De pat. 3, 2.
68) Adv. Prax. 29, 1.
69) Ebd.
70) Vgl. Teil A III 2, S. 20 ff.
71) Zur überblickartigen Darstellung der Christologie Tertullians vgl. Smulders aaO 413 ff.
72) De carn. Chr. 3. 5. Als Entstehungszeit für "De carne Christi" gilt 210 - 212, so daß diese christo=logische Schrift vor "Adversus Praxean" abgefaßt sein muß. Bardenhewer aaO 412.
73) De carn. Chr. ebd.
74) Adv. Prax. 27, 10; vgl. ebd. 29, 2 u. De carn. Chr. 18. Dazu die Ausführungen von R.V.Sellers, The Coun=cil of Chalcedon (London 1953) 188 f. 197. 200 ff, der allerdings die Identifikation von Menschensohn und Mensch nicht der Kritik unterzieht.
75) Die Trinitätslehre Tertullians ist von der Christo=logie her entwickelt. Den Schwerpunkt der Diskussion bildet die Lehre über Jesus Christus. Bender aaO 11 ff.
76) Adv. Prax. 27, 11; dt. Übers. Smulders aaO 414 f.
77) Smulders aaO 415.
78) Vgl. Anm. 71 u. 73.
79) Außer den Lex.art. s. zu den Wundern Jesu im NT all=gemein die neueren Bucherscheinungen von R.Fuller, Die Wunder Jesu in Exegese und Verkündigung (Düssel=dorf 1967). F.Mußner, Die Wunder Jesu (München 1967). R.Pesch, Jesu ureigene Taten? Ein Beitrag zur Wun=derfrage. Quaest.disp. 52 (Freiburg 1970).
80) Vgl. Smulders aaO 408 ff. 416.
81) Der auch für Tertullians Logosspekulation fundamen=tale Aufsatz v. F.J.Dölger, Sonne und Sonnenstrahl als Gleichnis in der Logostheologie des christli=chen Altertums; in: AuC 2 (Münster 1930) Tertullian: ebd. 271 - 290 soll nicht unerwähnt bleiben, auch

wenn er für die Behandlung der vorliegenden Thematik nicht zentral ist.

82) Adv. Prax. 27, 14.
83) De carn. Chr. 18, 3.
84) Adv. Prax. 26, 4. B.Skard, Die Inkarnation. FKGG 7 (Stuttgart 1958) 67 hat nicht Unrecht, daß "Adv. Prax." weithin eine Exegese Tertullians zum Prolog des JohEv ist.
85) Ebd. 7, 9. Zum Vorkommen und Gebrauch von persona bei Tertullian und den Unterschieden in der Bedeu= tung von persona und substantia sowie ihrer Be= ziehung zum Logos Morgan aaO 32 - 38. Vgl. Grill= meier, Christ in Christian Tradition (s. Teil A, Anm. 118) 150 ff. Gilg, Weg und Bedeutung der alt= kirchlichen Christologie (s. Teil A, Anm. 115) 41 - 44 .
86) Zur Unterscheidung zwischen valentinianisch-gnosti= scher und "christlicher" προβολή Morgan aaO 110.
87) Bender, Die Lehre Tertullians über den hl. Geist (s. Anm. 17) 65.
88) Vgl. Morgan aaO 108.
89) De carn. Chr. 5, 7.
90) Ebd. 18, 6 f.
91) Zur Existenz einer menschlichen Seele in Jesus vgl. die zusammenfassenden Ausführungen von Liébaert, Christologie (s. Teil A, Anm. 58) 45 f.
92) De carn. Chr. 13, 4.
93) Liébaert aaO 46; Grillmeier, Die theologische u. sprachliche Vorbereitung (s. Teil A, Anm. 100) 53. 80 (Origenes). 93 (Gregor von Nazianz gegen Apolli= naris).
94) Grillmeier aaO 43. Tertullian übernimmt die regula fidei des Irenäus und baut auf ihr auf. Morgan aaO 260; vgl. B.Skard, aaO 46 f.
95) Grillmeier aaO 53.
96) Bender aaO 28 f.
97) Vgl. Morgan aaO 111 f.
98) Zur Einordnung der Christologie des Hilarius in die westliche Theologie Liébaert aaO 67 ff. Altaner, Pa= trologie (s. Teil A, Anm. 103) 361 - 366. Braun, Der Begriff "Person" (s. Anm. 2) 30 - 39.
99) Mansi II 1340 f; vgl. Hefele, Konziliengeschichte (s. Teil A, Anm. 179) 506.
100) Mansi III 86. Vgl. Liébaert aaO 68 f. Braun aaO 4. Zur Datierung der Synode von Sardika Hefele aaO 513 ff.
101) De syn. 69, 1190.
102) De trin. 9, 3.
103) Ebd.
104) AaO 6, 37.
105) AaO 10, 8.
106) AaO 9, 14. Vgl. Grillmeier, Christ in Christian

Tradition (s. Teil A, Anm. 118) 307 f.

107) Vgl. Grillmeier aaO 156.

108) Altaner aaO 362.

109) Vgl. A.Harnack, Lehrbuch der Dogmengeschichte (Tübingen 1909/10. Nachdr. 1931/32) III 28.

110) Vgl. Teil B I 3 e, S. 46 f.

111) Zu persona findet sich auch im dogmatischen Sinne das zugehörige Adjektiv und Adverb: personalis, per= sonaliter. Vgl. Rheinfelder, Das Wort "Persona" (s. Teil A, Anm. 147) 165 f.

112) PL 16, 795; vgl. Rheinfelder ebd.

113) Zur Christologie des Ambrosius: J.Gapp, La Doctrine de l'Union Hypostatique chez Saint Ambroise. Diss. (Issoudun 1938); natura, substantia, persona: ebd. 63 - 70. K.Schwerdt, Studien zur Lehre des hl. Ambrosius von der Person Christi (Bückeburg 1937).

114) De incarn. 5, 41.

115) De fide 2, 8, 61 f.

116) Vgl. Andresen, Zur Entstehung und Geschichte des trinitarischen Personbegriffs (s. Anm. 2) 29. Zum unterschiedlichen Gebrauch von persona bei Ambrosius Schwerdt aaO 77 ff.

117) Phil 2, 8 f.

118) De incarn. 5, 35.

119) Ebd.

120) Schwerdt aaO 87.

121) Mansi IV 1190 f; Zit. im Anschluß an De fide 2, 4.

122) In ps. 61, 5; weitere Belegstellen bei Schwerdt aaO 79. Vgl. Grillmeier aaO 319.

123) De myst. 8, 46.

124) Schwerdt aaO 67.

125) De patriarch. 2, 51.

126) De fide 2, 15, 129.

127) De virg. 2, 13.

128) In Lucan 10, 129.

129) De institut. virg. 6, 45.

130) In Lucan 5, 102.

131) Schwerdt aaO 89. 103. 105.

132) AaO 37 ff. 77.

133) De fide 5, 3, 45.

134) Adv. Prax. 27, 11; s. Teil B II 1, S. 52.

135) Sperrungen von mir vorgenommen.

136) Grillmeier aaO 148.

137) Epist. 137, 11.

138) Epist. 187, 40.

139) Epist. 137, 11.

140) Epist. 169, 8.

141) Epist. 137, 11.

142) De trin. IV 20, 30.

143) O.Scheel, Die Anschauung Augustins über Christi Per= son und sein Werk unter Berücksichtigung ihrer ver= schiedenen Entwicklungsstufen und ihrer dogmenge=

schichtlichen Stellung (Tübingen 1901) 184 f. 192.

144) Apol. 21, 14.
145) Vgl. Morgan, The Importance of Tertullian (s. Anm. 16) 203 f.
146) De idol. vanit. 11.
147) Inst. IV 13.
148) C. Cels. III 41.
149) Orat. c. Ar. IV 33; Apol. II 16.
150) Mansi II 729.
151) Vgl. Teil A I, S. 5 ff.
152) Außer dem genannten grundlegenden Werk von Scheel zur Christologie des Augustinus: J.van Bavel, L'hu= man et le divin dans le Christ d'après s. Augustin. Paradosis 10 (Freiburg/Schweiz 1954) betont im Ge= gensatz zu Scheel den offenbarungsgeschichtlichen Ansatz der Christologie Augustins. Une union perso= nelle: ebd. 13 - 44. Ders., L'humanité du Christ comme lac parvulorum et comme vie dans la spiritua= lité de s. Augustin: in: Aug. 7 (Löwen 1957) 245 - 281. E.Gilson, Philosophie et incarnation selon s. Augustin (Montreal 1947). L.Mohan, De nominibus Christi doctrinam divi Augustini christologicam et soteriologicam exponentibus. Diss. (Mundelein, Ill.) 1936. A. C. Outler, The Person and Werk of Christ; in: Companion 1955, 343 - 370 war mir leider nicht zugänglich. E.Schiltz, Aux sources de la théologie du mystère de l'incarnation. La Christologie de saint Augustin; in: NRTh 63 (Tournai - Löwen - Pa= ris 1936) 689 - 713. W.Schulz, Christus bei Augu= stin. Theol. Diss. (Kiel 1956) Mschr.
153) Schnackenburg, Das JohEv (s. Teil A, Anm. 16) 184.
154) C.Max. Ar. 2, 10, 2. Vgl. J.N.D. Kelly, Early Chri= stian Doctrines (London 1958) 336.
155) Vgl. Braun aaO 45 f.
156) C.Maxim. Ar. 2, 7, 12.
157) Enchir. ad Laur. X 35. Vgl. Skard, Die Inkarnation (s. Anm. 84) 102.
158) Enchir. ebd. Vgl. Sellers, The council of Chalcedon (s. Anm. 74) 192 f. Scheel aaO 191.
159) De fide et symb. IV 8; vgl. Enchir. XII 40.
160) In Ioan. tract. XII 8.
161) Ebd. LXXVIII 3. Vgl. Sellers aaO 196.
162) Vgl. Teil B I 1 b, S. 38 ff. Vgl. S. 43.
163) Vgl. Teil B I 4 b, S. 49.
164) De trin. I 6, 9.
165) De trin. I 8, 15.
166) Ebd.
167) Vgl. Teil A II 3, S. 14 ff.
168) Joh 16, 28.
169) De trin. II 5, 7.
170) Vgl. dagegen Scheel aaO 38. Zur Gleichheit des Sen= denden und Gesandten innerhalb der ersten vier Bü=

cher De trin. IV 19 u. 20.

171) Vgl. Teil B I 4b, S. 48f.
172) De trin. VII 4, 8. Vgl. Schiltz aaO 692.
173) C.Serm. Ar. 8.
174) Ebd. 9. Vgl. Schiltz aaO 690.
175) Enchir. ad Laur. XII 38.
176) De ver. rel. XVI 30.
177) Schiltz aaO 709; von mir gesperrt.
178) Scheel, Die Christologie Augustins in der neuplato= nischen Periode bis zum Jahre 391 aaO 20 - 79.
179) Schmaus, Die psychologische Trinitätslehre des hl.Augustins (s. Teil B, Anm. 54) 355 ff.
180) De gen. c. Manich. II 24, 57.
181) Scheel aaO 51.
182) Vgl. Teil B II 3, S. 57 ff.
183) Quaest. 83, I 64, 3.
184) Scheel aaO 79 - 149.
185) Quaest. 83, I 69, 1.
186) Joh 1, 10 f. C.Adim. 13.
187) Serm. 215, 4.
188) Scheel aaO 86.
189) Vgl. die kritischen Anmerkungen zu den außerchrist= lichen Gottesprädikationen in Teil A IV 1, S. 29 f.
190) Scheel aaO 92.
191) Epist. ad Gal. I 19.
192) Ebd. I 27; vgl. de doctr. christ. I 12, 12; de gen. ad lit. I 18, 36; de agon. christ. I 20, 22.
193) Epist. ad Gal. ebd.
194) Ebd.
195) Scheel, Die Christologie des gereiften Augustin aaO 150 - 474.
196) De cons. ev. II 3, 6.
197) Wie bei Joh 1, 1 wehrt sich Augustinus auch im Ge= gensatz zu eigenen früheren Auslegungen bei V. 4 des Joh-Prologs gegen eine andere Interpunktion, die selbstverständlich eine ebenso andere Interpretation zur Folge hätte: "Quod factum est, in ipso vita erat." Zur unterschiedlichen Wertung dieses joh Verses bei Augustinus J.Deninger, "Wahres Sein" in der Philosophie des Aristoteles (Meisenheim 1961) 14.
198) De doctr. christ. III 1, 3.
199) De an. II 3, 5.
200) De an. II 5, 9.
201) Ebd.
202) Die Einflüsse manichäistischen Gedankengutes auf die damalige Theologie sind bestimmt größer als bisher angenommen. Hier würde sich eine Untersuchung lohnen. Zur Einführung in den Manichäismus G.Widengren, Mani und der Manichäismus (Stuttgart 1961). Vgl. nur die ähnlichen Vorstellungen zur "Trinität" aaO 51 ff; Jesus als "Sohn-Erlöser" und Nous aaO 63 f; Jesus patibilis und Kreuzigung aaO 69. Parallele zwischen

der Beschuldigung Jesu und Anklage Manis: "Mani hat
gegen unser Gesetz gelehrt." AaO 45.
203) Conf. VII 9, 13 ff.
204) Vgl. Scheel aaO 188 f.
205) Epist. 190, 4; vgl. de gen. ad lit. XI 25, 41.
206) Grillmeier, Christ in Christian Tradition
(s. Teil A, Anm. 118) 156.
207) Vgl. Teil A III 6, S. 26.
208) De civ. dei 11, 2.
209) De trin. II 10, 18; vgl. Serm. LII 9, 21.
210) De trin. ebd.
211) Serm.c.Ar. I 1, 1.
212) Zu manichäistischen Prägungen der Theologie der da=
maligen Zeit vgl. Anm. 202. Abwertung der Materie:
G.Widengren aaO 63 ff.
213) C.Serm. Ar. I 1, 1.
214) De trin. XIII 19, 24.
215) Enchir. XII 40.
216) De corr. et gr. I 11, 30.
217) Enarr. in ps. VI 1.
218) Scheel aaO 235.
219) In Ioan. tract. II 1. 2.
220) De trin. XIII 1, 2; vgl. De gen. ad. lit. XII 34,
67: "... quod mente conspicitur ita secreta et re=
mota et omnino abrepta a sensibus carnis atque mun=
data, ut ea quae in illo caelo sunt, et ipsam Dei
substantiam, V e r b u m q u e   Dei per quod fac=
ta sunt omnia, in caritate Spiritus sancti ineffabi=
liter valeat videre et audire."
221) Vgl. Epist. 238, 1.
222) De cons. ev. I 7, 7.
223) In Ioan. tract. XCIX 1.
224) Scheel aaO 244.
225) Vgl. Teil A III 5, S. 23.
226) Das soteriologische Gedankengut Augustins kann in
dieser begriffsgeschichtlichen Untersuchung nicht in
der angemessenen Breite dargestellt werden.
227) De trin. XIII 10, 13.
228) Vgl. Einführung, Anm. 16.
229) Hirschberger, Geschichte der Philosophie (s. Teil A,
Anm. 135) I 300 f. 327.
230) Vgl. Teil A, Anm. 17.
231) Vgl. Teil A III 5. 6, S. 22 ff.
232) Schoonenberg, Die Interpretation des Dogmas
(s. Einführung, Anm. 1) 147.
233) Zur alexandrinisch orientierten allegorischen
Schriftinterpretation bei Augustinus s. Teil B II 4,
S. 62. 63. 68.
234) Grillmeier, Die theologische und sprachliche Vorbe=
reitung (s. Teil A, Anm. 100) 23.
235) Vgl. Liébaert, Christologie (s. Teil A, Anm. 58) 78.
236) Vgl. zur Grundlegung dieses Lehrsatzes in der ale=

xandrinischen Christologie und zu seiner nachfol=
genden Tradition Grillmeier aaO 77 ff und Küng,
Menschwerdung Gottes (s. Einführung, Anm. 2) 628.

237) Vgl. Teil A III 6, S. 26.
238) Rahner - Thüsing, Christologie - systematisch und
exegetisch (s. Teil A, Anm. 2) 76.
239) Sellers, The Council of Chalcedon (s. Teil B,
Anm. 74) 238.
Ders., Two ancient christologies. A study in the
christological thought of the schools of Alexandria
and Antioch in the early history of Christian doc=
trine (London 1940) 46.
240) Vgl. Teil A III 1, S. 19.
241) Schnackenburg, Das JohEv (s. Teil A, Anm. 16) 182.
242) Balz, Methodische Probleme (s. Teil A, Anm. 11) 14.
243) Smulders, Dogmengeschichtliche und lehramtliche
Entfaltung (s. Teil A, Anm. 103) 437.
244) AaO 440; vgl. van Buren, Der Weg nach Chalkedon
(s. Teil A, Anm. 41) 33.
245) Adam, Dogmengeschichte (s. Einführung, Anm. 4) 211.
246) Vgl. Teil A II, S. 6 ff. 15.
247) Vgl. Teil B II 4, S. 61 f.
248) Vgl. Elert, Der Ausgang der altkirchlichen Christo=
logie (s. Teil A, Anm. 166) 52 ff.
249) Vgl. Grillmeier aaO 159.
250) Hirschberger aaO 109.
251) AaO 187 f.
252) Smulders aaO 462. Grillmeier aaO 186. 194.
253) Vgl. Camelot, Ephesus und Chalcedon (s. Teil A,
Anm. 117) 43.
254) Eine Zusammenfassung der Christologie des Apolli=
naris u.a. bei Adam aaO 317 ff. Grillmeier aaO
102 - 117. Ders., Christ in Christian Tradition
(s. Teil A, Anm. 118) 220 - 233. Skard, Die Inkar=
nation (s. Teil B, Anm. 84) 84 ff. Smulders aaO
102 - 117.
255) De incarn. fr. 4.
256) Mansi III 566. 571. 573; vgl. Hefele, Konzilienge=
schichte (s. Teil A, Anm. 179) II 12 ff. Die in der
Vergangenheit vertretene Auffassung, daß der Apolli=
narismus bereits auf der Synode von Alexandrien (362)
verworfen worden war, wie es auch noch in der neu=
sten Auflage der Patrologie von Altaner (s. Teil A,
Anm. 103) 314 zu lesen steht, gilt inzwischen in der
Forschung als überholt. Grillmeier, Die theologische
und sprachliche Vorbereitung (s. Teil A, Anm. 100)
92 (Lit.!). Ders., Christ in Christian Tradition
(s. Anm. 254) 207 - 210. In einer ausführlichen
Untersuchung des Tomus ad Antiochenos der Synode von
Alexandrien (Mansi III 345 ff) kommt E.Mühlenberg,
Apollinaris von Laodicea = FKDG 23 (Göttingen 1969)
222 - 230 zu dem Ergebnis, daß die apollinaristische

Lehre zwar den Hintergrund des Dokumentes bildete,
aber nicht offiziell zurückgewiesen wurde. Außer in
Konstantinopel 381 u. 382 erfolgte in dieser Zeit
noch eine Verurteilung auf der 5. Römischen Synode
unter Pp. Damasus (382), von der uns jedoch keine
Akten erhalten sind. Hefele aaO 37.

257) Da die Zurückweisung der menschlichen Seele Jesu
durch Apollinaris nicht ausführlich diskutiert wer=
den soll, weil es auch in diesem Kapitel in erster
Linie um die Terminologie des christologischen Per=
sonbegriffs geht, soll die Tatsache, daß eine Leug=
nung der menschlichen Seele schon im Arianismus
vorgenommen worden war, nur am Rande erwähnt wer=
den. Grillmeier, Die theologische und sprachliche
Vorbereitung (s. Anm. 256) 102 ff. Ders., Zum Chri=
stusbild der heutigen katholischen Theologie; in:
Fragen der Theologie heute (Einsiedeln - Zürich -
Köln ³1960) 276. Liébaert aaO 60 ff. Mühlenberg
aaO 17 f.

258) Schnackenburg aaO 243.

259) Vgl. H.Merki, ʽΟΜΟΙΩΣΙΣ ΘΕΩ̩ (s. Teil A, Anm. 142).
Merki geht dem Bedeutungswandel des platonischen
Motivs nach und zeigt auf, daß spätestens bei Gre=
gor von Nyssa ὁμοίωσις als Synonym für εἰκών gilt.

260) Text bei Merki aaO 3. Vgl. Platon, Tim. 90 D.

261) Bei Klemens war bereits die stoische ἀπάθεια mit
der γνῶσις verknüpft worden. Vgl. Teil A III 5,
S. 23.

262) Merki aaO 8 ff. 30.

263) Merki aaO 17 ff.

264) Περὶ ἀρετῶν : Enn. I 2, 1 ff.

265) Enn. I 2, 2, 21 f.

266) Enn. I 2, 3, 22 f.

267) Enn. I 2, 6, 7.

268) Belegstellen bei Merki aaO 20 ff.

269) Mühlenberg aaO 117. 145 ff.

270) AaO 213.

271) Zu Biographie, Lehre und der schwierigen Quellen=
lage nach Theodors unberechtigter Verurteilung als
Vater des Nestorianismus in Konstantinopel 553
Altaner aaO 319 ff.

272) Zur Christologie Theodors zusammenfassend Grill=
meier, Die theologische und sprachliche Vorberei=
tung (s. Anm. 256) 120 - 159. Ders., Christ in
Christian Tradition (s. Anm. 256) 338 - 360. Smul=
ders aaO 441 - 448.

273) Vgl. die neueste Monographie zur Christologie
Theodors R.A.Norris, Jr., Manhood and Christ. A
study in the christology of Theodore of Mopsue=
stia (Oxford 1963) 190 - 210: The sources of Theo=
dore's christological dualism.

274) De incarn. XIII. Zit. in der lateinischen Fassung

bei Migne: Theodori Mopsuesteni, fragmenta dogma=
tica PG 66, 989 f. Das 1905 in einer syrischen Hs.
entdeckte dogmatische Hauptwerk Theodors "De incar=
natione" ist im ersten Weltkrieg zugrunde gegangen.
Altaner aaO 321.

275) Zur Umdeutung des Begriffs der Hypostase bei Apol=
linaris durch Theodor Grillmeier, Die theologische
und sprachliche Vorbereitung (s. Anm. 256) 154 f;
dort die dt. Übers. eines Fragmentes aus De incarn.
VIII mit der Verbindung von πρόσωπον und ὑπόστασις .

276) Zur Entwicklung der Streitigkeiten und deren Ver=
lauf, sowie zur Beurteilung der Spannungen zwischen
Kyrill und Nestorius, die zur Verurteilung des letz=
teren in Ephesus führten, zusammenfassend Grillmeier,
Die theologische und sprachliche Vorbereitung aaO
159 ff. Ders., Christ in Christian Tradition aaO
369 ff. Smulders aaO 451 - 457. Verdammungsdekret
Mansi IV 1211; dt. Übers. des Absetzungsurteils Ca=
melot aaO 243. Vgl. Hefele aaO 172.

277) Wann und wo Nestorius zum ersten Mal auf die kontro=
versen marianischen Bezeichnungen getroffen war, ist
in den Quellen nicht eindeutig überliefert. Hefele
aaO 136.

278) Vgl. Teil B III 2, S. 76.

279) Altaner aaO 336 spricht sich vorsichtig dafür aus,
daß Theodor "wahrscheinlich" Lehrer des Nestorius
war.

280) Zur Lehre von Jesus Christus bei Nestorius L.Fendt,
Die Christologie des Nestorius (Kempten 1910). Spe=
ziell zum christologischen Personbegriff H.Ristow,
Der Begriff πρόσωπον in der Theologie des Nesto=
rius; in: Aus der byzantinistischen Arbeit der DDR
(Berlin 1957) 218 - 236. Zusammenfassende Betrach=
tung zum Gebrauch von πρόσωπον bei Nestorius Sel=
lers, The council of Chalcedon (s. Teil B, Anm. 74)
165 ff, Ders., Two ancient christologies
(s. Teil B, Anm. 239) 155 - 166: Gegenüberstellung
zu Theodors Personbegriff. Betonung der Einheit des
πρόσωπον Kelly, Early Christian Doctrines (s. Teil
B, Anm. 154) 313 - 317.

281) Aus dem Briefe an Alexander von Hierapolis bei
F.Loofs, Nestoriana. Die Fragmente des Nestorius
(Halle 1905) 196, 16. Weitere Zitate zum e i n e n
πρόσωπον der beiden Naturen ebd. 16. 21; 176, 7. 17;
224, 13; 280, 9; 331, 8.

282) PL 48, 764.

283) AaO 766.

284) Vgl. zu Hilarius: Teil B II 2, S. 55 f; zu Ambro=
sius: Teil B II 3, S. 57 ff.

285) PL 48, 794.

286) Vgl. zu Augustins anfänglichem christologischen Ge=
brauch von persona Teil B II 4, S. 65 ff. Scheel,

Die Anschauung Augustins über Christi Person und Werk (s. Teil B, Anm. 143) 100 sieht in Augustinus einen Vorläufer des Nestorius, wenn er alle in der Schrift nachweisbaren Spuren eines subordinatiani= schen Verhältnisses des Sohnes zum Vater auf die forma servi bezieht. Vgl. ebd. 262.

287) Hefele aaO 141.

288) Vgl. die gleiche schon im Zusammenhang mit Augusti= nus erhobene Forderung Scheels Teil B II 4, S. 73.

289) Der sog. Liber Heraclidis ist 1910 in syrischer Über= setzung bekannt geworden, enthält jedoch viele In= terpolationen. Altaner aaO 336 f.

290) Fendt aaO 39. Auch Seeberg, Dogmengeschichte (Darm= stadt 1965) II 204. 265 tritt immer wieder dafür ein, daß Nestorius zu Unrecht als Haeretiker ver= ketzert wurde.

291) Vgl. Teil B IV 1, S. 79 f. Dazu auch Lohse, Epochen der Dogmengeschichte (s. Teil B, Anm. 8) 94 f.

292) PG 28, 25 ff.

293) Vgl. Teil A IV 2, S. 34.

294) Vgl. Teil B III 2, S. 77 f.

295) Mansi IV 889 f.

296) Vgl. Teil B IV 3, S.85.

297) Grillmeier, Die theologische und sprachliche Vor= bereitung aaO 163 f. Ders., Christ in Christian Tra= dition aaO 412. 439 f. Zum synonymen Gebrauch von φύσις und ὑπόστασις durch Kyrill vgl. Tixeront, na= ture et personne (s. Teil B, Anm. 2) 585 ff. - Auf der antiochenischen Seite hatte bereits Theodor eine Verbindung von πρόσωπον und ὑπόστασις herge= stellt, aber nicht ausdrücklich eine christologi= sche Formel geschaffen. Vgl. Anm. 275.

298) Epist. ad Gal I 27. Vgl. Teil B II 4, S. 68. Grill= meier, Christ in Christian Tradition aaO 322.

300) Nur auf Kyrill bezogen van Buren, Der Weg nach Chalkedon (s. Teil A, Anm. 41) 33.

301) Zur geistigen Verwandtschaft Augustins mit der ale= xandrinischen Tradition s. Teil B II 4, S. 68.

302) Würde Küng, Christ sein (s. Einführung, Anm. 16) 438 f nicht im Hinblick auf Chalkedon formulieren, wo ein wirklicher Ausgleich geschaffen wird, müßte man sein Urteil auf das von Kyrill beherrschte Kon= zil von Ephesos fast als zu milde ansehen, daß es nur "die Gefahr heraufbeschwor, daß Jesu wahre Menschlichkeit von der einen alles absorbierenden Gottesnatur verschlungen wird..."

303) PG 75, 681.

304) Epist. ad Gal ebd.

305) Speziell zum Einfluß der Enneaden Plotins auf Kyrill Hirschberger aaO 332. Zu Augustins Prägung durch den Neuplatonismus sei auf die ausführlichen Dar= stellungen seiner Trinitätslehre und Christologie

in Teil B I 4 b, S.48 u. II 4, S. 66 ff verwiesen.

306) Grillmeier, Die theologische und sprachliche Vorbe=
reitung aaO 182 f. Die 12 Capita Kyrills Mansi IV
1082 ff. Vgl. Hefele aaO 155 ff (hier auch dt.
Übers. der Anath.).

307) Grillmeier aaO 192. Vgl. Hefele aaO 160 f. 239.
Angriffe des Andreas gegen Kyrill Mansi V 839.

308) Zur Quellenlage vgl. Grillmeier aaO 183 ff. Smul=
ders aaO 457 ff.

309) Mansi V 305.

310) Ebd.

311) AaO 307 f. Erläuterung des Textes Hefele aaO 211.
245 ff. 268. Vgl. Grillmeier, Christ in Christian
Tradition aaO 408. Kelly, Early Christian Doctrines
aaO 328 ff.

312) Vgl. Teil B III 2, S. 76.

313) Vgl. Kyrills Brief "Laetentur caeli" an Johannes
von Antiochien Mansi V 301 - 309. Dazu Hefele aaO
246. 252; dt. Übers. bei Camelot aaO 246 - 251.

314) Vgl. Camelot aaO 80. - Ein "Wermutstropfen" bleibt:
Die Verbannung gegen Nestorius ist nicht aufgeho=
ben.

315) Zur Person Flavians, seiner Verurteilung des Euty=
ches 448 und der nachfolgenden "Räubersynode" 449,
die wiederum Flavian absetzte: Hefele aaO 296. 3o4.
354. 360. Smulders aaO 461 ff. Die Glaubenserklä=
rung des Eutyches auf der "Räubersynode" Mansi VI
630 ff. Speziell zum Briefwechsel zwischen Euty=
ches und Leo Hefele aaO 317. 343; zum Briefwechsel
zwischen Flavian und Leo ebd. 319 ff.

316) Mansi VI 744.

317) Zu Nestorius vgl. Teil B IV 3, S. 85.

318) Zur Verwandtschaft zwischen Eutyches und Kyrill, was
"e i n e Natur" betrifft, Mansi VI 658 - 675. Vgl.
Hefele aaO 356. 381. 414 f.

319) Zu Hefele aaO 314.

320) Mansi VI 541.

321) Grillmeier, Die theologische und sprachliche Vor=
bereitung 196 ff.

322) Camelot aaO 101. 157 f. Hefele aaO 415. Kelly aaO
331. I.O. de Urbina, Das Glaubenssymbol von Chalke=
don - sein Text, sein Werden, seine dogmatische Be=
deutung; in: Das Konzil von Chalkedon I (= Chalke=
don I; s. Teil A, Anm. 100) 398 ff. 414 f. - Grill=
meier, Christ in Christian Tradition 433 weist auf
die Überzeugung des Nestorius hin, daß er sich in
seinem Liber Heraclidis in glaubensmäßiger und ter=
minologischer Übereinstimmung mit der Christologie
Flavians und des Tomus Leonis befinde. Vgl. Came=
lot aaO 31.

323) Epist. 28, 3. Alle Briefe Leos bei Mansi V u. VI.
Text und dt. Übers. des 28. Briefes mit nur wenigen

Auslassungen bei Hefele aaO 335 - 346. Zu den wei=
teren Briefen ebd. 346 ff. Vgl. auch Smulders aaO
463 ff.

324) Vgl. Camelot aaO 107. 110. 112 f. 117. Kelly aaO
337. Scheel aaO 263. Sellers, The Council of Chal=
cedon (s. Teil B, Anm. 74) 196 ff. 240 f. 243 f.

325) Mansi VI 142.

326) Vgl. A.Michel, Der Kampf um das politische oder pe=
trinische Prinzip der Kirchenführung; in: Chalke=
don II 491 - 562; bes.: Die petrinische Patriarchen=
idee 500 - 524.

327) Vgl. Teil B II 1, S. 52.

328) Morgan, The Importance of Tertullian in the Deve=
lopment of Christian Dogma (s. Teil B, Anm. 16)
193. 205 ff verweist auch auf Leos epist. 3 u. 27,
in denen sich ebenfalls Spuren aus Tertullians
Schriften finden.

329) Daß auch Augustinus zuweilen noch utraque natura und
gemina substantia synonym gebraucht, wurde gezeigt.
Vgl. Teil B II 4, S. 65 ff.

330) Schwerdt, Studien zur Lehre des hl. Ambrosius von
der Person Christi (s. Teil B, Anm. 113) 34 f.

331) Vgl. Teil B II 3, S. 57 ff.

332) Vgl. Teil B II 4, S. 62. 70.

333) Zu Schwerdt aaO 35.

334) Grillmeier aaO 465 ff (hier übersichtliche Gliede=
rung des Tomus ad Flavianum).

335) Zu diesem Gedanken bei Augustinus (in Verbindung mit
commixtio) Teil B II 4, S. 60.

336) Grillmeier aaO 472 f. Vgl. Camelot aaO 114 f.

337) Vgl. Teil A II, S. 5 ff. u. IV 2, S. 28 ff.

338) Zur Einführung von essentia in die Theologie, bes.
in die Trinitätslehre durch Augustinus s. Teil B I
4 b, S. 49.

339) Vgl. Hefele aaO 422 f. Sellers aaO 230.

340) Vgl. Teil A III 6, S.24.

341) Über die genannten Zitate hinaus AT: Gn 12, 3; 22,
18; Is 7, 14; 9, 6; Ps 35, 4; Prov 9, 1. NT: Mt 1,
1. 23; 3, 17; 16, 13 ff; Lk 1, 35; 24, 39; Joh 1,
14; 1 Kor 2, 8; Gal 3, 16; 4, 4; 1 Petr 1, 18;
1 Joh 1, 7; 4, 3; 5, 4; 5, 5 ff.

342) Vgl. Teil A II 4, S. 15 ff.

343) Epist. 28, 5.

344) D 148. Synodalakten von Chalkedon bei Mansi VI u.
VII. Zu den lokalen und temporalen Gegebenheiten so=
wie der personellen Zusammensetzung des Chalcedonen=
se Hefele aaO 402 ff. Smulders aaO 461. Vgl. auch
M.Goemans Chalkedon als allgemeines Konzil; in:
Chalkedon I 251 - 289. Zur Beziehung Pp.Leo -
Chalkedon: H.Rahner, Leo der Große, der Papst des
Konzils; Chalkedon I 323 - 339. Zu weiteren Chalke=
don betreffenden Spezialfragen s. die Aufsätze in

Chalkedon I - III.

345) Vgl. de Urbina aaO 398 ff.
346) Außer dem Unionssymbol, dem Glaubenssymbolum Fla=
vians und dem Tomus Leonis waren der 2. Nestorius=
brief Kyrills (dt. Übersetzung Camelot aaO 225 ff)
sowie sein zustimmendes Schreiben zum Unionssymbol
Quellen für die christologische Definition von
Chalkedon. Vgl. neben Urbina ebd. Camelot aaO 156
(detaillierte Gegenüberstellung der einzelnen For=
mulierungen). Grillmeier, Die theologische und
sprachliche Vorbereitung 35 ff. 164. 191 (Lit.!).
199 ff (Zusammenfassung der vorchalkedonensischen
Entwicklung). Ders., Christ in Christian Tradition
481 f. 486. Hefele aaO 421 ff. 435 f. Smulders aaO
465 ff. Väterstellen zur vorchalkedonensischen
Zweinaturenlehre Mansi VII 467 - 474.
347) VV. 17 ff. Zu den Textvarianten innerhalb der Über=
lieferung der Synodalakten zwischen "in" und "ex" ,
wobei der erstgenannten Version allgemein der Vor=
zug gegeben wird: Denzinger in seinen Anmerkungen
zur Definition aaO. Hefele aaO 395 ff. Schoonen=
berg, Die Interpretation des Dogmas (s. Einführung,
Anm. 1) 65 f. 156.
348) Zum lehrhaften Charakter des chalkedonensischen
Symbolum vgl. Einführung, Anm. 16.
349) VV. 1 - 10.
350) Vgl. Teil B I 3 d, S. 46.
351) Mansi VII 114.
352) Vgl. Einführungsteil, Kap. 3. Einen Fortschritt in
der Dogmenentwicklung konstatiert auch Camelot
aaO 165 ff.
353) Auswahl aus den zahlreichen diesbezüglichen Kom=
mentaren: Balz, Methodische Probleme (s. Teil A,
Anm. 11) 16. Elert, Altkirchliche Christologie
(s. Teil A, Anm. 166) 145 ff. 157. Küng, Mensch=
werdung Gottes (s. Einführung, Anm. 2) 611 ff.
637 ff. Smulders aaO 389. 468.
354) Vgl. Teil A II 4, S. 15 ff.
355) V. 7.
356) Ebd.
357) Auch K.Rahner, der als einer der ersten die dog=
matische Christologie mit modernem Denken konfron=
tiert hat, verbleibt trotz seines uns näher stehen=
den Denkmodells des transzendentalen Ansatzes, um
eine Menschwerdung Gottes verständlich zu machen,
damit im Rahmen der Descendenzchristologie.
358) Schoonenberg, Ein Gott der Menschen (s. Teil B,
Anm. 12).
359) Vgl. Teil B I 1 b, S. 39 ff.
360) Schoonenberg aaO 7.
361) AaO 79.
362) AaO 90.

363) Vgl. Teil B I 1, S. 36 ff.
364) Sperrungen von mir vorgenommen.
365) AaO 62.
366) AaO 57. 68.
367) Sperrungen von mir vorgenommen.
368) AaO 57.
369) AaO 85.
370) Ebd.
371) AaO 88.
372) Vgl. Teil B II 4, S. 72.
373) AaO 94 f.
374) AaO 69.
375) Kritisch zu Küng, Christ sein (s. Einführung,
Anm. 16) 439 f. - Eine Ausgewogenheit des westli=
chen Christusbildes gegenüber der östlichen Chri=
stologie mag nach den monophysitischen Wirren
dem christologischen Dogma von Chalkedon zugestan=
den werden, gegenüber dem NT ist sie freilich nicht
vorhanden. Zu Grillmeier, Zum Christusbild der heu=
tigen katholischen Theologie (s. Teil B, Anm. 257)
273 ff.
376) Schoonenberg aaO 98.
377) Vgl. Teil A IV 1, S. 28 ff.
378) Vgl. Teil A IV 1, S. 30.
379) P.Knauer, Jesus als Gegenstand kirchlicher Chri=
stologie; in: Jesus von Nazareth (s. Teil A, Anm. 1)
156. 164.
380) E.S.J.Yarnold, Faith and Formulation. To Chalcedon
and Beyond; in: Month 34 (London 1965) 317 weist
darauf hin, daß die chalkedonensische Glaubensde=
finition zunächst für ihre Zeit den Zweck einer
theologischen Formel erfüllte. Die Begrenztheit
auch dieser Formel zeigten die bald auf Chalkedon
folgenden Abspaltungen.

AAS	Acta Apostolicae Sedis (Rom 1909 ff).
ACO	Acta Conciliorum Oecumenicorum, ed. E.Schwartz (Berlin 1914 ff).
AThANT	Abhandlungen zur Theologie des Alten und Neuen Testaments (Basel - Zürich 1942 ff)
AuC	F.J.Dölger, Antike und Christentum, 6 Bde. (Münster 1929 - 60).
Aug	Augustiniana. Tijschrift vor de studie van Sint Augustinus en de Augustijnenorde (Leuven 1951 ff.).
BZNF	Biblische Zeitschrift für Neutestamentliche Forschungen (Freiburg 1903 ff).
CC	Corpus Christianorum seu nova Patrum collectio (Turnhout - Paris 1953 ff).
CSEL	Corpus scriptorum ecclesiasticorum latinorum (Wien 1866 ff).
D	H.Denzinger - A.Schönmetzer, Enchiridion Sym= bolorum Definitionum et Declarationum de Rebus Fidei et Morum (Freiburg ^{34}1965).
EvTh	Evangelische Theologie (München 1934 ff).
FKDG	Forschungen zur Kirchen- und Dogmengeschichte (Göttingen 1953 ff).
FKGG	Forschungen zur Kirchen- und Geistesgeschichte (Stuttgart 1932 ff).
GCS	Die griechischen christlichen Schriftsteller der ersten drei Jahrhunderte (Leipzig 1897 ff).
HDG	Handbuch der Dogmengeschichte, hrsg. von M.Schmaus - A.Grillmeier (Freiburg 1951 ff).
HThG	Handbuch theologischer Grundbegriffe, hrsg. von H.Fries, 2 Bde. (München 1962 - 63).
LThK^2	Lexikon für Theologie und Kirche. Zweite, völlig neu bearbeitete Auflage, hrsg. von J.Höfer - K.Rahner, 10 Bde. und 1 RegBd. (Frei= burg 1957 - 67).
Mansi	J.D.Mansi, Sacrorum conciliorum nova et amplis= sima collectio (Paris 1899 ff; Nachdr. Graz 1960).
MS	Mysterium Salutis. Grundriß heilsgeschichtli= cher Dogmatik, Bd. I - V. Hrsg. von J.Feiner und M.Löhrer (Einsiedeln - Zürich Köln 1965 ff).
NAG	Nachrichten von der Akademie der Wissenschaf= ten in Göttingen (Göttingen 1941 ff).
NRTh	Nouvelle Revue Théologique (Tournai - Löwen - Paris 1879 ff).
NTS	New Testament Studies (Cambridge - Washington 1954 ff).

PG	Patrologia Graeca, ed. J.-P.Migne, 161 Bde. (Paris 1857 - 66 u.ö.).
PL	Patrologia Latina, ed. J.-P.Migne, 217 Bde. und 4 Reg.Bde. (Paris 1844 - 55 u.ö.).
RevSR	Revue des Sciences Religieuses (Straßburg 1921 ff.).
RHLR	Revue d'histoire et de littérature religieuse (Paris 1896 - 1907).
RNT	Regensburger Neues Testament, hrsg. von A.Wikenhauser - O.Kuss, 10 Bde. (Regensburg ^{3}1956 ff).
SM	Sacramentum Mundi. Theologisches Lexikon für die Praxis, Bd. I - IV. Hrsg. von K.Rahner - A.Darlapp (Freiburg - Basel - Wien 1967 ff).
ThSt	Theological Studies (Baltimore 1940 ff).
ThW	Theologisches Wörterbuch zum Neuen Testament, Bd. I - VIII. Hrsg. von G.Kittel, fortgesetzt von G.Friedrich (Stuttgart 1933 ff).
ZKG	Zeitschrift für Kirchengeschichte (Stuttgart 1876 ff).
ZNW	Zeitschrift für die neutestamentliche Wissen= schaft und die Kunde der älteren Kirche (Gießen 1900 ff, Berlin 1934 ff).

A Q U E L L E N

1. Kirchliches Lehramt

Denzinger, H. - Schönmetzer, A.: Enchiridion Symbolo=
rum Definitionum et Declarationum de Rebus Fidei et
Morum (Freiburg [34]1965).
Mansi, J.D.: Sacrorum conciliorum nova et amplissima
collectio II - VII (Paris 1901 ff; Nachdr. Graz 1960).
Schwartz, E.: Acta conciliorum oecumenicorum 1 ff
(Berlin 1914 ff).
Pp.Paulus VI.: Enzyklika "Mysterium Fidei", AAS 57, 2
(Rom 1965) 753 - 775.
Pp.Paulus VI.: Declaratio "Mysterium Ecclesiae", AAS 65
(Rom 1973) 386 - 408.

2. Griechische Tradition

Diels, H.- Kranz, W.: Die Fragmente der Vorsokrati=
ker. Griechisch und deutsch (Berlin [10]1960).
Funk, F.X. -Diekamp, F.: Patres Apostolici, Vol. II
(Tübingen [3]1913) 83 - 269: Ignatii epistularum recen=
sio longior.
Iustinus Martyr: Apologiae. Hrsg. von G.Krüger. Unver=
änderter Nachdr. der 4. völlig neu bearb. Aufl. der
1915 ersch. Ausg. (Frankfurt 1968).
Iustini philosophi et martyris Opera omnia: Dialogus
cum Tryphone Iudaeo. Unveränderter Neudr. der 3. Aufl.
von 1876 - 81 Corpus Apologetarum Christianorum
saeculi secundi 5 (Wiesbaden 1969).
Geffcken, J.: Zwei griechische Apologeten (Leipzig 1907)
120 - 54: Text der Πρεσβεία περὶ χριστιανῶν des
Athenagoras.
Clemens Alexandrinus, Opera, Bd. I: Protrepticus und
Paedagogus. Hrsg. von O.Stählin. GCS 12.
Clemens Alexandrinus, Opera, Bd. II: Stromata Buch I - VI.
Hrsg. von O.Stählin. GCS 15.
Clemens Alexandrinus, Opera, Bd. III: Stromata Buch VII
und VIII. Hrsg. von O.Stählin. GCS 17 .

Origenes, Opera, Bd. I: Buch I - IV gegen Celsus.
Hrsg. von P.Koetschau. GCS 23.
Origenes, Opera, Bd. IV: Der Johanneskommentar.
Hrsg. von E.Preuschen. GCS 4.
Origenes: Das Evangelium nach Johannes. Übersetzt und
eingeführt von R.Gögler (Einsiedeln - Zürich - Köln
1959).
Origenes, Opera, Bd. V: De principiis (περὶ ἀρχῶν).
Hrsg. von P.Koetschau. GCS 22.
Origenes, Opera, Bd. VIII: Homilien zu Samuel I, zum
Hohelied und zu den Propheten. Hrsg. von W.A.Baehrens
GCS 33.
Plotins Schriften, übers. von R.Harder, fortgeführt von
R.Beutler und W.Theiler; Neubearbeitung mit griechi=
schem Lesetext und Anmerkungen, Bd. I - VI
(Hamburg 1956 - 1971).
Lietzmann,H.: Apollinaris von Laodicea und seine Schule
1. Texte und Untersuchungen (Tübingen 1904).
Theodori Mopsuesteni Opera: Fragmenta Dogmatica. PG 66.
Loofs,F: Nestoriana. Die Fragmente des Nestorius
(Halle 1905).
Marii Mercatoris Opera: Monumenta ad Pelagianam Nesto=
rianamque haeresim pertinentia. PL 48.
Kyrillus Alexandrinus: Dialogus I. PG 75.
Zweiter Brief Kyrills an Nestorius. Mansi IV 887 ff.
Die zwölf Anathematismen Kyrills. Mansi IV 1081 ff.
Brief Kyrills an Johannes von Antiochien. Mansi V
301 - 310.

3. Lateinische Tradition

Quinti Septimi Florentis Tertulliani Opera: Apologe=
ticum; De patientia; Adversus Hermogenem. CC, Series
Latina (=SL), 1.
Quinti Septimi Florentis Tertulliani Opera: De carne
Christi; Adversus Praxean; De pudicitia. CC, SL, 2.
S. Hilarii Opera: De synodis seu de fide Orientalium;
De trinitate. PL 10.
S. Ambrosii Opera: Explanatio psalmorum. CSEL 64.
S. Ambrosii Opera: De mysteriis. CSEL 73.
S. Ambrosii Opera: De fide ad Gratianum. CSEL 78.
S. Ambrosii Opera: De incarnationis dominicae sacramento.
CSEL 79.
S. Ambrosii Opera: De patriarchis. PL 14.
S. Ambrosii Opera: In Lucan. PL 15.
S. Ambrosii Opera: De virginitate; De institutione
virginis, PL 16.

S. Aurelii Augustini Opera: In Iohannis evangelium
tractatus. CC, SL, 36.
S. Aurelii Augustini Opera: De trinitate. CC, SL, 40. 41.
S. Aurelii Augustini Opera: Enchiridion ad Laurentium
de fide spe et caritate. CC, SL, 46.
S. Aurelii Augustini Opera: Confessiones. PL 32.
Augustinus: Confessiones - Bekenntnisse. Lateinisch
und deutsch. Eingeleitet, übersetzt und erläutert
von J.Bernhart (München ³1966).
S. Aurelii Augustini Opera: Epistulae. PL 33.
S. Aurelii Augustini Opera: De consensu evangelistarum;
De doctrina Christiana; De genesi ad litteram; De ge=
nesi contra Manichaeos; De vera religione. PL 34.
S. Aurelii Augustini Opera: Expositio ad Galatas. PL 35.
S. Aurelii Augustini Opera: Enarrationes in Psalmos.
PL 36. 37.
S. Aurelii Augustini Opera: Sermones. PL 38. 39.
S. Aurelii Augustini Opera: De agone Christiano;
De catechezandis rudibus; De diversis quaestionibus
83. PL 40.
S. Aurelii Augustini Opera: De civitate Dei. PL 41.
S. Aurelii Augustini Opera: Contra Adimantum Manichaei
discipulum; Contra sermonem Arianorum. PL 42.
S. Aurelii Augustini Opera: De anima; De correptione et
gratia. PL 44.
S. Leonis Magni Opera: Epistulae. Mansi V. VI.
S. Leonis Magni Tomus ad Flavianum. PL 54, 755 - 781.

B L I T E R A T U R

Adam, A.: Lehrbuch der Dogmengeschichte, Bd. I,
Die Zeit der alten Kirche (Gütersloh 1965).
Altaner, B.: Augustinus und die griechische Sprache;
in: Pisciculi. F.J.Dölger zum 60. Geburtstag
(Münster 1939) 19 - 40.
Altaner, B. - Stuiber, A.: Patrologie. Leben, Schriften
und Lehre der Kirchenväter
(Freiburg - Basel - Wien ⁷1966).
Andresen, C.: Justin und der mittlere Platonismus;
in: ZNW 44 (Berlin 1953) 158 - 195.
Ders.: Logos und Nomus. Die Polemik des Kelsos wider
das Christentum (Berlin 1955).
Ders.: Zur Entstehung und Geschichte des trinitarischen
Personbegriffs; in: ZNW 52 (Berlin 1961) 1 - 38.
Balz, H.R.: Methodische Probleme der neutestamentlichen
Christologie (Neukirchen 1967).

138

Bardenhewer, O.: Geschichte der altchristlichen Li=
teratur I - IV (Freiburg 1913 - 1932, Nachdr. Darm=
stadt 1962).

Bartsch, H.W.: Die konkrete Wahrheit und die Lüge der
Spekulation. Untersuchungen über den vorpaulinischen
Christushymnus und seine gnostische Mythisierung. Theo=
logie und Wirklichkeit 1 (Frankfurt - Bern 1974).

Bavel, J. van: Recherches sur la christologie de s. Augu=
stin. L'humain et le divin dans le Christ d.'après
s. Augustin; in: Paradosis 10 (Freiburg/Schweiz 1954).

Ders.: L'humanité du Christ comme lac parvulorum et comme
vie dans la spiritualité de s. Augustin; in: Aug. 7
(Löwen 1957) 245 - 281.

Bender, W.: Die Lehre Tertullians über den Heiligen Geist
(München 1961).

Beumer, J.: Die Inspiration der Heiligen Schrift
(Freiburg - Basel - Wien 1968).

Bihlmeyer, K. - Tüchle, H.: Kirchengeschichte, Bd. I,
Das christliche Altertum (Paderborn ^{16}1958).

Boigelot, R.: Le mot "personne" dans les écrits trini=
taires de s. Augustin; in: NRTh 57 (Tournai - Löwen -
Paris 1930) 5 - 16.

Bormann, K,: Die Ideen- und Logoslehre Philons. Eine Aus=
einandersetzung mit H.A. Wolffson. Diss. (Köln 1955).

Braun, C.: Der Begriff "Person" in seiner Anwendung auf
die Lehre von der Trinität und Inkarnation (Mainz 1876).

Brown, H.E.: Does the New Testament call Jesus God?
ThST 26 (Baltimore 1965) 545 - 573.

Brunner, P.: Die Herrlichkeit des gekreuzigten Messias.
Eine vordogmatische Erwägung zur dogmatischen Christolo=
gie; in: Pro Ecclesia, Ges. Aufs. zur dogmatischen Chri=
stologie, Bd. II (Berlin - Hamburg 1966).

Buren, P.M. van: Der Weg nach Chalkedon; in: Reden von
Gott - in der Sprache der Welt (Zürich 1965).

Camelot, T.: Ephesus und Chalkedon (Mainz 1963).
Cantalamessa, R.: La cristologia di Tertulliano.
Paradosis 18 (Freiburg/Schweiz 1962).

Chadwick, H.: Early Christian Thought and the Classical
Tradition. Studies in Iustin, Clement and Origen
(Oxford 1966).

Colpe, C.: Art. υἱὸς τοῦ ἀνθρώπου ; in: ThW (Stutt=
gart 1969) 403 - 481.

Congar, Y.: Tradition und Traditionen (Mainz 1965)'.

Cullmann, C.: Die Christologie des Neuen Testaments
(Tübingen 1957).

Dahl, A.: Augustin und Plotin. Untersuchungen zum Trini=
tätsproblem und zur Nuslehre (Lund 1945).

Deninger, J.G.: "Wahres Sein" in der Philosophie des
Aristoteles (Meisenheim 1961).

Dölger, F.J.: Sonne und Sonnenstrahl als Gleichnis in der
Logostheologie des christlichen Altertums; in: AuC 2
(Münster 1930).

Dörrie, H.: Ὑπόστασις . Wort- und Bedeutungsgeschichte; in: NAG (Göttingen 1955) 35 -92.

Dorner, A.: Entwicklungsgeschichte von der Lehre der Person Christi in den ersten vier Jahrhunderten (Stuttgart 1845).

Ebeling, G.: Die Frage nach dem historischen Jesus und das Problem der Christologie; in: ZThK 56, Beiheft 1 (Tübingen 1959).

Elert, W.: Der Ausgang der altkirchlichen Christologie; eine Untersuchung über Theodor von Pharan und seine Zeit als Einführung in die alte Dogmengeschichte, aus dem Nachlaß hrsg. von W.Maurer und E.Bergsträßer (Berlin 1957).

Ernst, J.: Anfänge der Christologie, Stuttgarter Bibel= studien 57 (Stuttgart 1972).

Feld, H., Häring, H., Krüger, F., Nolte, J.: Grund und Grenzen des Dogmas. Zur Funktion von Lehrsätzen (Freiburg 1973).

Fendt, L.: Die Christologie des Nestorius (Kempten 1910).

Fuller, R.: Die Wunder Jesu in Exegese und Verkündigung (Düsseldorf 1967).

Galli, M. von: "Erklärung" der Glaubenskongregation zu Küngs Anfrage "Unfehlbar?" Eine Verurteilung oder An= satz zu einem Gespräch? In: Orientierung 13/14 (Zürich 1973) 150 - 152.

Gapp, La doctrine de l'union hypostatique chez saint Ambroise. Diss. (Issoudun 1938).

Gerlitz, P.: Außerchristliche Einflüsse auf die Ent= wicklung des christlichen Trinitätsdogmas. Zugleich ein religions- und dogmengeschichtlicher Versuch zur Erklä= rung der Herkunft der Homousie (Leiden 1963).

Gilg, A.: Weg und Bedeutung der altkirchlichen Christolo= gie = Theol. Bücherei 4 (München 1955).

Gilson, E.: Philosophie et incarnation selon s. Augustin (Montreal 1947).

Gnilka, J.: Der Philipperbrief (Freiburg 1968).

Ders.: Jesus Christus nach frühen Zeugnissen des Glaubens (München 1970).

Grillmeier, A. - Bacht, H. (Hrsg.): Das Konzil von Chalke= don in Geschichte und Gegenwart, 3 Bde. (Würzburg 1951 - 54, Nachdr. m. Erg. 1962).

Grillmeier, A.: Zum Christusbild der heutigen katholischen Theologie; in: Fragen der Theologie heute (Einsiedeln - Zürich - Köln [3]1960) 265 - 299.

Ders.: Christ in Christian Tradition; from the Apostolic Age to Chalcedon (New York 1965).

Haenchen, F.: "Der Vater, der mich gesandt hat". NTS (London 1962/63) 208 - 216.

Hahn, A.: Bibliothek der Symbole und Glaubensregeln der Alten Kirche (Breslau [3]1897).

Hahn, F.: Christologische Hoheitstitel. Ihre Geschichte im frühen Christentum (Göttingen [3]1966).

Harnack, A.: Lehrbuch der Dogmengeschichte, Bd. III, Die Entwicklung des kirchlichen Dogmas (Tübingen [4]1909/10, Nachdr. 1931/32).

Hefele, C.J.: Konziliengeschichte, 2 Bde. (Freiburg 1855/56).

Hirschberger, J.: Geschichte der Philosophie, Bd. I, Altertum und Mittelalter (Basel - Freiburg - Wien [8]1965).

Hirzel, R., Die Person. Begriff und Name derselben im Altertum (München 1914).

Iersel, B.M.F.: "Der Sohn" in den synoptischen Jesusworten (Leiden [2]1964).

Jedin, H[6]: Kleine Konziliengeschichte (Freiburg - Basel - Wien [6]1963).

Jendorff, B.: Der Logosbegriff. Seine philosophische Grundlegung bei Heraklit von Ephesus und seine theologische Indienstnahme durch Johannes den Evangelisten. Diss. (Frankfurt 1969).

Kelber, W.: Die Logoslehre von Heraklit bis Origenes (Stuttgart 1958).

Kelly, J.N.D.: Early Christian Creeds (London 1950); dt.: Altchristliche Glaubensbekenntnisse. Geschichte und Theologie (Göttingen 1972).

Ders.: Early Christian Doctrines (London 1958).

Kramer, W.: Christos Kyrios Gottessohn. Untersuchungen zu Gebrauch und Bedeutung der christologischen Bezeichnungen bei Paulus und den vorpaulinischen Gemeinden (Zürich - Stuttgart 1963).

Kümmel, W.G.: Einleitung in das Neue Testament (Heidelberg [16]1969).

Küng, H.: Menschwerdung Gottes. Eine Einführung in Hegels theologisches Denken als Prolegomena zu einer künftigen Christologie (Freiburg - Basel - Wien 1970).

Ders.: Unfehlbar? Eine Anfrage (Zürich - Einsiedeln - Köln 1970).

Ders.: Fehlbar? Eine Bilanz (Zürich - Einsiedeln - Köln 1973).

Ders.: Christ sein (München 1974).

Liébaert, J.: Christologie. Von der Apostolischen Zeit bis zum Konzil von Chalcedon (451) mit einer biblisch-christologischen Einleitung von P.Lamarche; in: HDG III/ 1a (hrsg. von M.Schmaus und A.Grillmeier; Freiburg - Basel - Wien 1965).

Lohse, B.: Epochen der Dogmengeschichte (Stuttgart 1963).

Loretz, O.: Die Gottebenbildlichkeit des Menschen (München 1967).

Ders.: Schöpfung und Mythos. Stuttgarter Bibelstudien 32 (Stuttgart 1968).

Marxen, W.: Anfangsprobleme der Christologie (Gütersloh 1960).

Merki, H.: ʹΟΜΟΙΩΣΙΣ ΘΕΩ. Von der platonischen Angleichung an Gott zur Gottähnlichkeit bei Gregor von Nyssa (Freiburg/Schweiz 1952).

Michl, J.: Die Katholischen Briefe. RNT 8
(2. umgearb. Aufl. Regensburg 1968).

Mohan, L.: De nominibus Christi doctrinam divi Augustini
christologicam et soteriologicam exponentibus. Diss.
(Mundelein, Ill.) 1936.

Morgan, J.: The Importance of Tertullian in the Develop=
ment of Christian Dogma (London 1928).

Mühlenberg, E.: Apollinaris von Laodicea = FKDG 23
(Göttingen 1969).

Mußner, F.: Die Wunder Jesu (München 1967).

Ders.: Kosmische Christologie. Schöpfung in Christus;
in: MS II (Einsiedeln - Zürich - Köln 1967) 455 ff.

Nédoncelle, M.: Prosopon et persona dans l'antiquité
classique, RevSR 22 (Straßburg 1948) 277 - 99.

Norris, R.A.: Manhood and Christ. A study in the christo=
logy of Theodore of Mopsuestia (Oxford 1963).

Ohlig, K.H.: Woher nimmt die Bibel ihre Autorität?
Zum Verständnis von Schriftkanon, Kirche und Jesus
(Düsseldorf 1970).

Pannenberg, W.: Die Aufnahme des philosophischen Gottes=
begriffs als dogmatisches Problem der frühchristlichen
Theologie, ZKG 70 (Stuttgart 1959) 1 - 45.

Pesch, R.: Jesu ureigene Taten? Ein Beitrag zur Wunder=
frage. Quaestiones disputatae 52 (Freiburg 1970).

Plagnieux, J.: Heil und Heiland; dogmengeschichtliche
Texte und Studien (Paris 1969).

Rahner, K. - Lehmann, K.: Kerygma und Dogma; in: MS I
622 - 707.

Rahner, K. - Vorgrimmler, H$_2$: Kleines Konzilskompendium
(Freiburg - Basel - Wien ^{2}1967).

Rahner, K.: Art. "Trinität"; in: SM 4 (Freiburg 1969)
1005 - 1021.

Rahner, K. - Thüsing, W.: Christologie - systematisch und
exegetisch, Quaestiones disputatae 55 (Freiburg - Basel -
Wien 1972).

Ratzinger, J.: Zum Personverständnis in der Dogmatik;
in: J.Speck (Hrsg.), Das Personverständnis in der Pä=
dagogik und ihren Nachbarwissenschaften (Münster 1966).

Ders.: Einführung ins Christentum. Vorlesungen zum
Verständnis des Apostolischen Glaubensbekenntnisses
(München 1968).

Rheinfelder, H.: Das Wort "Persona". Geschichte seiner
Bedeutungen mit besonderer Berücksichtigung des fran=
zösischen und italienischen Mittelalters (Halle 1928).

Ristow, H.: Der Begriff πρόσωπον in der Theologie des
Nestorius; in: Aus der byzantinistischen Arbeit der DDR
(Berlin 1957) 218 - 236.

Robert, A. - Feuillet, A.: Einleitung in die Hl. Schrift,
Bd. II Neues Testament (Wien - Freiburg - Basel 1964).

Scheel, O.: Die Anschauung Augustins über Christi Person
und sein Werk unter Berücksichtigung ihrer verschiede=
nen Entwicklungsstufen und ihrer dogmengeschichtlichen

142

Stellung (Tübingen 1901).

Scheffzyk, L.: Dogma der Kirche - heute noch verstehbar? (Berlin 1973).

Schierse, F.J. (Hrsg.): Jesus von Nazareth (Mainz 1972).

Schiltz, E.: Aux sources de la théologie du mystère de L'incarnation. La christologie de saint Augustin; in: NRTh 63 (Tournai - Löwen - Paris 1936) 689 - 713.

Schlier, H., Mußner, F., Ricken, F., Welte, B.: Zur Früh= geschichte der Christologie, Quaestiones disputatae 51 (Freiburg - Basel - Wien 1970).

Schloßmann, S.: Persona und πρόσωπον im Recht und im christlichen Dogma (Kiel 1906).

Schmaus, M.: Die psychologische Trinitätslehre des hl. Augustinus. Fotomech. Nachdr. der 1927 ersch. Ausg. mit einem Nachtrag. u. Lit. erg. des Verf. (Münster 1967).

Schnackenburg, R.: Logoshymnus und johanneischer Prolog, BZNF 1 (Freiburg 1957) 69 - 103.

Ders.: Das Johannesevangelium, 1. Teil (Freiburg - Basel - Wien ²1967).

Ders.: Christologie des Neuen Testaments; in MS III 1 (Einsiedeln - Zürich - Köln 1970) 227 - 388.

Schoonenberg, P.: Ein Gott der Menschen (Zürich - Ein= siedeln - Köln 1969).

Schoonenberg, P. (Hrsg.): Die Interpretation des Dogmas (Düsseldorf 1969).

Schoonenberg, P.: Trinität - Der vollendete Bund. Thesen zur Lehre vom dreipersönlichen Gott; in: Orien= tierung 10 (Zürich 1973) 115 - 117.

Schulz, W.: Christus bei Augustin. Diss. (Kiel 1956).

Schweizer, E.: Zur Herkunft der Praeexistenzvorstellung bei Paulus. EvTh 19 (München 1959) 65 - 70.

Ders.: Erniedrigung und Erhöhung bei Jesus und seinen Nachfolgern, AThANT 28 (Basel - Zürich ²1962).

Ders.: Der Menschensohn; in: Neotestamentica (Zürich 1963) 56 - 84.

Schwerdt, K.: Studien zur Lehre des hl. Ambrosius von der Person Christi (Bückeburg 1937).

Scobic, Ch. H.H.: The Origins and Development of Samari= tan Christianity, NTS 19 (London 1972/73) 390 - 414.

Seeberg, R.: Lehrbuch der Dogmengeschichte, Bd. II,6 Die Dogmenbildung in der alten Kirche (Darmstadt ⁶1965).

Sellers, R.V.: Two ancient christologies. A study in the Christological thought of the schools of Alexandria and Antioch in the early history of Christian doctrine (London 1940).

Ders.: The Council of Chalcedon (London 1953).

Skard, B.: Die Inkarnation = FKGG 7 (Stuttgart 1958).

Smulders, P.: Dogmengeschichtliche und lehramtliche Ent= faltung der Christologie; in: MS III 1 (Einsiedeln - Zürich - Köln 1970) 389 - 475.

Theiler, W.: Die Vorbereitung des Neuplatonismus
(Berlin - Zürich 1964).

Tixeront, J.: Essais et notices des concepts de "nature"
et de "personne" dans les pères et les écrivains eccle=
siastiques des Ve et VIe siècles; in RHLR 8 (Paris 1903)
582 - 592.

Tödt, H.E.: Der Menschensohn in der synoptischen Über=
lieferung (Gütersloh 1959).

Urbina, I.O. de: Nizäa und Konstantinopel (Mainz 1964).
Vielhauer, Ph.: Ein Weg zur neutestamentlichen Christo=
logie? Prüfung der Thesen F.Hahns, EvTh 25
(München 1964) 24 ff.

Ders.: Gottesreich und Menschensohn in der Verkündigung
Jesu. Jesus und der Menschensohn; in: Aufsätze zum
Neuen Testament (München 1965) 45 - 140. 145 f.

Widengren, G.: Mani und der Manichäismus (Stuttgart 1961).

Wikenhauser, A. - Schmid, J.: Einleitung in das Neue Te=
stament (6. völlig neu bearb. Auflage Freiburg - Basel -
Wien 1973) .

Wolffson, H.A.: Philo. Foundations of Religious Philosophy
in Judaism, Christianity and Islam. 2 Bde.
(Cambrige, Mass. 1947).

Yarnold, E.S.J.: Faith and Formulation. To Chalcedon and
Beyond; in: Month 34 (London 1965) 312 - 319.

A NAMENREGISTER